BUSINESS INTELLIGENCE

inter
saberes

Andrew Schaedler
Giselly Santos Mendes

BUSINESS INTELLIGENCE

inter saberes

Rua Clara Vendramin, 58 :: Mossunguê
CEP 81200-170 :: Curitiba :: PR :: Brasil
Fone: (41) 2106-4170
www.intersaberes.com
editora@intersaberes.com

Conselho editorial
Dr. Ivo José Both (presidente)
Dr. Alexandre Coutinho Pagliarini
Dr.ª Elena Godoy
Dr. Neri dos Santos
Dr. Ulf Gregor Baranow

Editora-chefe
Lindsay Azambuja

Gerente editorial
Ariadne Nunes Wenger

Assistente editorial
Daniela Viroli Pereira Pinto

Edição de texto
Mycaelle Albuquerque Sales
Arte e Texto

Capa
Charles L. da Silva (design)
Dmi T/Shutterstock (imagens)

Projeto gráfico
Bruno Palma e Silva

Diagramação
Estúdio Nótua

Equipe de design
Débora Gipiela
Charles L. da Silva

Iconografia
Naiger Brasil Imagem
Regina Claudia Cruz Prestes

Dados Internacionais de Catalogação na Publicação (CIP)
(Câmara Brasileira do Livro, SP, Brasil)

Schaedler, Andrew
  Business intelligence/Andrew Schaedler, Giselly Santos Mendes. Curitiba: InterSaberes, 2021.

  Bibliografia.
  ISBN 978-65-89818-66-3

  1. Administração 2. Business intelligence I. Mendes, Giselly Santos. II. Título.

21-65263   CDD-658.4038

Índices para catálogo sistemático:
1. Business intelligence: Administração de empresas   658.4038

Maria Alice Ferreira – Bibliotecária – CRB-8/7964

1ª edição, 2021.

Foi feito o depósito legal.

Informamos que é de inteira responsabilidade dos autores a emissão de conceitos.

Nenhuma parte desta publicação poderá ser reproduzida por qualquer meio ou forma sem a prévia autorização da Editora InterSaberes.

A violação dos direitos autorais é crime estabelecido na Lei n. 9.610/1998 e punido pelo art. 184 do Código Penal.

sumário

Apresentação 9
Como aproveitar ao máximo este livro 11

Capítulo 1
Business intelligence (BI)
1.1 Origem do BI 18
1.2 BI nos negócios 20
1.3 BI e otimização de processos 22
1.4 Gestão eficiente 27
1.5 Entendendo ERP, CRM e BPM 32
1.6 Pilares do BI 40

Capítulo 2
Data warehouse (DW)
2.1 História do DW 50
2.2 Tipos de DW 53
2.3 Metadados 57
2.4 Arquitetura de DW 60
2.5 Modelagem de DW 68
2.6 Implantação de DW 73

Capítulo 3
Data mining ou mineração de dados
3.1 Origem da data mining   86
3.2 Definição de data mining   91
3.3 Data mining na indústria 4.0   94
3.4 Data mining nos negócios   98

Capítulo 4
Reengenharia de processos (BPR)
4.1 Definição de BPR   116
4.2 Implantação de BPR   123
4.3 Distinção entre BPR e gerenciamento de processos   125
4.4 Ciclo PDCA   135

Capítulo 5
Benchmarking
5.1 Conceito de benchmarking   150
5.2 História de benchmarking   152
5.3 Diferença entre benchmark e benchmarking   154
5.4 Tipos de benchmarking   156
5.5 Relação entre benchmarking e BI   160
5.6 Aprendendo com a concorrência   162
5.7 Passo a passo do benchmarking   165

Capítulo 6
Implementação de BI
6.1 Implementação e prática em um projeto de BI   182
6.2 Implementação de solução de BI existente no mercado   186
6.3 Entendendo a fonte de dados   199
6.4 Ferramentas de BI   206
6.5 Retroação em BI   210

Considerações finais 217
Lista de siglas 219
Referências 221
Bibliografia comentada 225
Respostas 227

apresentação

Com a quantidade de dados armazenados pelas empresas crescendo exponencialmente devido às tecnologias emergentes, não é surpresa que o gerenciamento deles exija soluções cada vez mais criativas e eficientes.

Nesse sentido, os dados devem ser protegidos e distribuídos de forma atualizada, clara e precisa para orientar importantes decisões de negócios. Para isso, as empresas precisam traduzi-los em informações (idealmente, eles evidenciam tendências de vendas, comportamentos dos consumidores e alocação de recursos), a fim de planejar e implementar futuras estratégias de negócios.

Na maioria dessas organizações, dados valiosos são armazenados em planilhas ou servidores enormes. Eles podem indicar a viabilidade de seu produto e contribuir para o desenvolvimento futuro. Portanto, podem ajudar a maximizar as receitas, reduzir os custos, enfim, a orientar condutas para que a corporação siga crescendo e evoluindo.

Nesse contexto, uma solução de *business intelligence* (BI) permite produzir, em tempo real, relatórios precisos apoiados em dados diretamente extraídos das fontes, o que torna dispensável a demorada e complexa coleta manual.

Essas informações são, assim, repassadas aos gerentes, os quais podem monitorar o negócio independentemente de onde estejam. As soluções de BI também visam oferecer segurança de dados por intermédio de infraestruturas que asseguram sua privacidade.

Nesta obra, que está dividida em seis capítulos, discutimos essas e outras questões. No Capítulo 1, tratamos da origem, do desenvolvimento e dos princípios de BI. Para o melhor entendimento do assunto, também apresentamos noções de otimização de processos, gestão eficiente, ERP (*Enterprise Resource Planning*, em português, sistema integrado de gestão empresarial), CRM (*Customer Relationship Management*, em português, gestão de relacionamento com o cliente) e BPM (*Business Process Management*, em português, gestão de processos de negócio).

Pensando na implementação de uma solução de BI de grande porte, que requer uma estrutura que a sustente e atenda às necessidades dos usuários, no Capítulo 2, examinamos a configuração de um *data warehouse*, os roteiros de modelagem e o conceito de metadados.

Nesse sentido, no Capítulo 3, detalhamos o funcionamento de *data mining*, sua importância, seu impacto na indústria 4.0, sua aplicação em um ambiente de negócios e alguns *softwares* usados nesse processo.

Para concluir e adensar esse estudo, nos Capítulos 4, 5 e 6 abordamos a noção de reengenharia de processos e o ciclo PDCA, assim como as diferenças que apresentam em comparação com a metodologia de processos. Além disso, discorremos sobre *benchmarking*, seus tipos e suas aplicações. Ainda, analisamos, passo a passo, a implementação de uma solução de BI, as ferramentas empregadas nessa empreitada, bem como estratégias para identificar as fontes de dados e escolher uma solução já existente no mercado.

Com esses conhecimentos explicados e bem-definidos, você estará pronto para participar de projetos com soluções de BI, seja qual for o nível de complexidade.

como aproveitar ao máximo este livro

Empregamos nesta obra recursos que visam enriquecer seu aprendizado, facilitar a compreensão dos conteúdos e tornar a leitura mais dinâmica. Conheça a seguir cada uma dessas ferramentas e saiba de que forma elas estão distribuídas no decorrer deste livro para bem aproveitá-las.

Conteúdos do capítulo
Logo na abertura do capítulo, relacionamos os conteúdos que nele serão abordados.

Após o estudo deste capítulo, você será capaz de:
Antes de iniciarmos nossa abordagem, listamos as habilidades trabalhadas no capítulo e os conhecimentos que você assimilará no decorrer do texto.

O que é
Nesta seção, destacamos definições e conceitos elementares para a compreensão dos tópicos do capítulo.

Exemplo prático

Nesta seção, articulamos os tópicos em pauta a acontecimentos históricos, casos reais e situações do cotidiano a fim de que você perceba como os conhecimentos adquiridos são aplicados na prática e como podem auxiliar na compreensão da realidade.

Perguntas & respostas

Nesta seção, respondemos às dúvidas frequentes relacionadas aos conteúdos do capítulo.

Para saber mais

Sugerimos a leitura de diferentes conteúdos digitais e impressos para que você aprofunde sua aprendizagem e siga buscando conhecimento.

Síntese

Ao final de cada capítulo, relacionamos as principais informações nele abordadas a fim de que você avalie as conclusões a que chegou, confirmando-as ou redefinindo-as.

Estudo de caso

Nesta seção, relatamos situações reais ou fictícias que articulam a perspectiva teórica e o contexto prático da área de conhecimento ou do campo profissional em foco com o propósito de levá-lo a analisar tais problemáticas e a buscar soluções.

Questões para revisão

Ao realizar estas atividades, você poderá rever os principais conceitos analisados. Ao final do livro, disponibilizamos as respostas às questões para a verificação de sua aprendizagem.

Bibliografia comentada

Nesta seção, comentamos algumas obras de referência para o estudo dos temas examinados ao longo do livro.

FAWCETT, T.; PROVOST, F. Data science para negócios: o que você precisa saber sobre mineração de dados e pensamento analítico de dados. Tradução de Marina Bentani. Rio de Janeiro: Alta Books, 2018.

Este livro de caráter conceitual apresenta os princípios fundamentais da data science, bem como um modelo de pensamento analítico necessário para extrair conhecimento útil e valor de negócios dos dados coletados com funções inteligentes (BI). Porquanto, aborda, as áreas de mineração de dados, modelagem de sistemas de coleta de dados e modelagem preditiva, discorrendo sobre os riscos após a implementação de BI, essa apoiam-se finais, sempre com foco lógico e analítico em dados e resultados orientados.

HURLEY, R. Business Intelligence: the Ultimate Guide to BI, Artificial Intelligence, Machine Learning, Big Data, Cybersecurity, Data Science, and Predictive Analytics. Edição de notes. [S.l.]: [s.n.], 2020.

Esta obra, cujo foco é a introdução ao BI, discute aspectos e considerações do big data (como inteligência artificial, segurança de dados, machine learning, data science e análise de dados). Além disso, aborda conceitos de mídia social e marketing na internet.

PRIMAK, F. V. Decifrando com B.I. (Business Intelligence). Rio de Janeiro: Ciência Moderna, 2008.

Com linguagem simples e grande detalhamento, esse material trata dos processos decisórios que utilizam BI, sendo imprescindível para

Business intelligence (BI)

Conteúdos do capítulo

- Origem, desenvolvimento e bases de *business intelligence* (BI).
- Gestão eficiente e otimização de processos.
- *Enterprise Resource Planning* (ERP), *Customer Relationship Management* (CRM) e *Business Process Management* (BPM).

Após o estudo deste capítulo, você será capaz de:

1. definir BI, suas utilidades e suas bases;
2. otimizar processos de BI;
3. descrever o funcionamento da gestão eficiente;
4. explicar a utilização de ERP, CRM e BPM.

capítulo 1

Com a quantidade de dados armazenados pelas empresas crescendo exponencialmente devido às tecnologias existentes, não é surpresa que o gerenciamento desses recursos exija soluções cada vez mais criativas e eficientes. Os dados devem ser protegidos e distribuídos de forma atualizada, clara e precisa, a fim de viabilizar importantes decisões de negócios. As empresas, por sua vez, necessitam traduzi-los em informações para planejar estratégias de negócios futuras.

Na maioria das organizações, dados valiosos são armazenados em planilhas ou servidores enormes. Idealmente, eles devem fornecer informações sobre tendências de vendas, comportamento do consumidor e alocação de recursos, assim como indicar a viabilidade de um produto e auxiliar no planejamento de seu crescimento futuro. Portanto, os dados podem ajudar a maximizar as receitas, reduzir os custos, enfim, direcionar as decisões empresariais para que haja crescimento e evolução.

Nesse contexto, uma solução de *business intelligence* (BI) ajuda a produzir relatórios precisos por meio de dados extraídos diretamente da fonte. Essas soluções eliminam tarefas demoradas e complexas. Além disso, fornecem relatórios em tempo real diretamente para gerentes, possibilitando o monitoramento do negócio de qualquer lugar. Isso permite reduzir erros, fornecendo aos gerentes dados precisos para tomar melhores decisões sobre o que está acontecendo agora e fazer previsões para o futuro. As soluções de BI também se concentram em proporcionar segurança de dados por intermédio de infraestruturas de segurança para mantê-los privados.

1.1 Origem do BI

Na contemporaneidade, os negócios vêm sendo revolucionados de forma que não acontecia desde a Revolução Industrial. Durante a Segunda Guerra Mundial, uma das invenções mais significativas de todos os tempos foi silenciosamente desenvolvida e usada para fins específicos, como quebrar os códigos que os nazistas criaram com a finalidade de se comunicarem sem que seus inimigos entendessem suas mensagens, mesmo que fossem interceptadas. Trata-se do primeiro computador eletrônico. O engenheiro que o criou, Alan Turing, rapidamente reconheceu que o computador era um tipo de máquina diferente. Suas funções eram tão amplas que, em teoria, ele poderia ser empregado na execução de qualquer tarefa.

Diferentemente dos dispositivos existentes no período, o computador era capaz de processar informações (Primak, 2008). Para Turing, ele poderia imitar a inteligência humana; se ela seria ou não "real", não vinha ao caso. Com o fim da guerra, a invenção do *chip* de computador e, mais tarde, do microprocessador garantiu que os computadores viessem para ficar e fossem aprimorados rapidamente.

O desenvolvimento da capacidade de processamento do computador foi exponencial, mas vagaroso a princípio. Quando começaram a ser usados, os processadores eram muito mais lentos do que agora. Apesar disso, a memória e a capacidade de armazenar dados foram os principais pontos fracos dos computadores até o século XXI.

No início, as pessoas guardavam informações em cartões perfurados e, depois, os colocavam no computador. Eles foram, na sequência, substituídos pela fita magnética, na primeira conversão da forma física para a puramente eletrônica.

Os computadores viabilizaram o processo de coleta de dados por parte de empresas. Contudo, nesse momento, elas ainda não conseguiam lhes dar um uso prático. Isso porque os dados eram impossíveis de reunir e processar, muito menos de interpretar e produzir quaisquer informações úteis, claras e inovadoras. Esse cenário só começou a mudar quando a World Wide Web (www ou internet) surgiu, acelerando o ritmo da obtenção de dados.

Assim, as capacidades de armazenamento, recuperação e análise de dados foram refinadas e barateadas. Esse progresso foi acompanhado por outros relacionados à inteligência artificial (IA), aprendizado de máquina e reconhecimento de padrões. Diante de situações como computadores da empresa IBM derrotando campeões de xadrez, a população mostrava-se confusa. Apenas depois esses recursos se difundiram entre os sujeitos e adquiriram novas funcionalidades.

Os cientistas da computação há anos buscavam melhorar a IA, mas só encontraram novas "respostas" para esse impasse a partir da década de 1990. Nesse contexto, em vez de programar computadores para executar tarefas, os pesquisadores os alimentaram com uma grande quantidade de dados e lhes permitiram aprender por si próprios. Descobriu-se, assim, que esses artefatos eram eficazes na detecção de padrões em dados que as pessoas não seriam capazes de juntar, examinar e compreender por serem imensos e, aparentemente, aleatórios.

Frequentemente, os padrões identificados pelos sistemas de aprendizado de máquina geram informações de grande valor para as empresas. Esses conjuntos imensos de dados, construídos também por governos e outras instituições, passaram a ser conhecidos como *big data*.

O que é

Big data é mais do que apenas os dados em si. Esse termo incorpora a análise dos dados para revelar padrões ocultos, tendências e relacionamentos. Normalmente, o *big data* concerne ao comportamento das pessoas e é possível concebê-lo como o novo ouro do século XXI.

Nesse momento, o BI (ou *inteligência de negócios*) começou a entrar em foco, sendo atrelada a computadores, dados, estatísticas avançadas e aprendizado de máquina, embora, na realidade, perpasse a vida de todos desde que participam do mercado.

O BI é uma categoria bastante ampla e desempenha papel central nos negócios. Tem início com a coleta e o armazenamento de dados. Em seguida, incorpora qualquer atividade, ferramenta ou processo usados para extrair informações e tomar decisões com base nelas. Compreende, desse modo, da produção de relatórios com dados referentes às comunicações por *e-mail* entre funcionários, a fim de implementar melhores formas de comunicação, até o uso da IA para elevar a eficiência da logística.

O desenvolvimento do BI foi fomentado por avanços em reconhecimento de padrões, aprendizado de computadores e IA, assim como pela configuração de um campo que integra essas áreas em um guarda-chuva chamado *ciência de dados* (Primak, 2008). Algumas pessoas comparam o BI e o *big data* à quarta revolução industrial, sendo responsáveis, com a IA e o aprendizado de máquinas, por moldar o futuro dos negócios e da estrutura da sociedade.

1.2 BI nos negócios

A inteligência de negócios é sustentada pelas tecnologias citadas anteriormente. Nesse âmbito, a importância do BI reside em seus resultados. Basicamente, ele produz informações práticas e precisas extraídas do *big data* (construído também por dados de fontes externas à instituição) da empresa sobre seus negócios e seus processos. Isso pode incluir informações sobre as operações da empresa, as atividades dos funcionários, as reuniões, as comunicações, os telefonemas e os *e-mails*, por exemplo.

Toda e qualquer informação coletada por uma empresa é útil para o BI. As internas podem ser usadas para aprimorar, consideravelmente, a eficiência e as operações da empresa, ao passo que aquelas sobre os clientes podem servir para melhorar o atendimento a eles, responder, em tempo real, às suas preocupações, bem como desenvolver novos produtos e serviços.

O que é

Machine learning, cuja tradução literal é "aprendizado de máquina", é um sistema que pode modificar, com interferência humana mínima, seu comportamento autonomamente, tendo como base a experiência adquirida durante seu uso.

A modificação comportamental consiste no estabelecimento de regras lógicas, visando aumentar o desempenho na conclusão de uma tarefa ou tomar a decisão mais apropriada a ela. Essas regras fundam-se nos padrões dos dados verificados.

Basicamente, o BI existe pelo fato de as empresas precisarem tomar rápidas decisões norteadas por dados. O intuito dos sistemas de inteligência de negócios é processar esses dados e obter informações claras, objetivas e precisas. Os concorrentes de qualquer empresa usam essas mesmas ferramentas em seu próprio benefício, sendo que aqueles que agem primeiro têm vantagens nessa competição.

A informação também deve ter valor agregado, o que significa que seu detentor tem vantagem na tomada de decisões sobre determinado negócio ou empreendimento. Por outro lado, informações antigas e imprecisas podem desviar uma empresa de seu objetivo final: a geração de lucros. Os dados e as informações coletadas ou inferidas formam a base do BI (Sharda; Delen; Turban, 2019).

Para ter valor, os *insights* extraídos dos dados devem ser capazes de conduzir à tomada de decisões fundamentais. É nesse ponto que entra a ciência de dados. É crucial começar fazendo-se as perguntas certas e certificando-se de que a análise de dados, o aprendizado de máquina e os sistemas artificialmente inteligentes estão trabalhando nos dados certos e úteis para a produção de informações com valor agregado. Os padrões, as tendências e os relacionamentos descobertos por meio disso precisam ter impacto significativo nas operações de negócios e podem ser úteis de muitas maneiras, por exemplo:

- cortar custos de combustível;
- acelerar as comunicações entre diferentes departamentos e equipes;
- acelerar a entrega de produtos e serviços aos clientes;
- identificar problemas rapidamente e fornecer soluções para eles;
- melhorar o atendimento ao cliente.

Se as informações provenientes do BI são imprecisas, não se pode dizer que são úteis. É claro que a precisão nesse contexto nem sempre é absoluta, ou seja, pode variar entre 50% ou 90%, por exemplo. Informações com baixos níveis de precisão levam operações e negócios na direção errada, desperdiçando tempo, diminuindo a eficiência e, por fim, intensificando custos. Podem ainda levar uma empresa a desenvolver os tipos errados de produtos ou alocar recursos incorretamente (Hurley, 2020).

1.3 BI e otimização de processos

Como vimos, o cerne do BI são informações com valor agregado, que são coletadas/produzidas e inseridas na solução de BI aplicada por uma empresa ou um empreendimento. A precisão das informações relevantes resulta da alimentação constante desse sistema com dados. Isso funciona particularmente bem em sistemas de computador alicerçados em *machine learning*. Lembra-se do programa de damas (o jogo) que lançou o aprendizado de máquina? Quanto mais o computador jogava, melhor ele ficava no jogo. Isso também acontece nos mecanismos atuais.

A primeira etapa do processo é a **coleta de dados**. Uma parte fundamental dela é garantir que os dados reunidos digam respeito aos interesses em jogo, senão tornarão o processo defeituoso. Claro que, de antemão, não se sabe quais serão os resultados das análises; entretanto, reconhecem-se as dúvidas que condicionam essa busca por respostas. Nesse sentido, cabe ao sistema de aprendizado de máquina encontrar as resoluções para os questionamentos levantados. Geradas as informações, a segunda etapa do processo é a **tomada de decisões baseadas em dados**. Isso permite, por exemplo, definir se os gastos com anúncios em *sites* de mídia social podem ser aumentados. A terceira etapa do processo compreende a **análise dos resultados e suas consequentes conclusões**. Finalmente, os resultados operacionais advindos da implementação das estratégias orientadas pelo BI podem ser realimentados no sistema. Os novos dados podem, então, aprimorar o aprendizado e a eficiência passo a passo (Primak, 2008).

Muitas ferramentas de *software* compõem o processo de BI, o que engloba algumas muito familiares e confiáveis, assim como outras que entraram no mundo corporativo nos últimos anos. Vamos conhecer algumas dessas ferramentas a seguir (Sharda; Delen; Turban, 2019).

- **Ferramentas de análise de banco de dados e criação de relatórios** – Há muitos dados em bancos, e é essencial ser capaz de obtê-los e apresentá-los de forma útil. A linguagem de consulta estruturada (*Structured Query Language* – SQL) é parte fundamental desse processo, já que possibilita o uso, a pesquisa e a organização de informações de grandes bancos de dados, que, posteriormente, podem ser reportados, de maneira clara e fácil, graças ao *software* de relatórios disponibilizado por essas ferramentas.
- **Dados em planilhas** – Dados podem ser reunidos ou filtrados e dispostos em planilhas. Desde sua introdução, no início da década de 1980, as planilhas eletrônicas têm desempenhado papel fundamental na coleta de dados e em seu emprego eficaz. A percepção de que sistemas modernos estão tornando as planilhas irrelevantes está errada, visto que ainda são uma importante fonte de dados.
- **Dashboards** – Painéis visuais com informações claras, métricas ou indicadores específicos são denominados *dashboards*. Trata-se de uma interface informatizada que fornece aos usuários relatórios atualizados em tempo real por meio de um banco de dados. O *dashboard* é bastante comum e pode servir a modelos de negócios como visualizações de estoque, de equipe ou de dados de fabricação.

Figura 1.1 – Exemplo de *dashboard*

- **On-line analytical processing (Olap, ou processamento analítico *on-line*)** – Trata-se de um conjunto de ferramentas que ajuda os usuários a analisar dados multidimensionais, sendo empregado em relatórios de negócios, orçamentos e previsões.
- **Data mining (ou mineração de dados)** – A mineração de dados é um processo, cujos alicerces são aprendizado de máquina, estatísticas e bancos de dados, em que grandes conjuntos de dados são examinados para encontrar padrões. Seu principal objetivo é extrair dados e transformá-los em informações relevantes e facilmente assimiláveis.
- **Data warehouse (DW)** – Trata-se de um sistema de computador que realiza análises de dados e relatórios para empresas, bem como centraliza os dados coletados de muitas fontes diferentes.
- **Data cleansing** – A limpeza de dados é uma tarefa de suporte primordial em termos de manutenção dos dados usados como parte do processo de BI. Envolve a detecção, o reparo ou a exclusão de registros de banco de dados corrompidos. Assim, assegura, continuamente, que os dados de uma empresa sejam precisos.

- **Monitoramento de atividades de negócios** – Trata-se de um sistema de *software* que recorre a painéis de dados para apresentar informações pertinentes sobre as atividades, as operações e os processos de uma organização. O objetivo do monitoramento de atividades de negócios é auxiliar na tomada de decisões orientadas por dados. Pode permitir, desse modo, identificar rapidamente os problemas na organização e realocar os recursos necessários para resolvê-los rapidamente.

Exemplo prático

A Sabre é uma das líderes mundiais no ramo de viagens [...]. [...] O atual ambiente volátil da economia global impõe desafios competitivos consideráveis para o setor aeronáutico. Para se manter à frente da concorrência, a Sabre Airline Solutions reconheceu que executivos de companhias aéreas precisavam de ferramentas mais poderosas para administrar suas decisões de negócios, eliminando o processo tradicional, manual e demorado de agregar informações financeiras e afins necessárias para iniciativas práticas. Tais ferramentas permitem um apoio à decisão em tempo real em companhias aéreas do mundo inteiro, maximizando seus retornos (e, por sua vez, também os da Sabre) e o valor oferecido aos clientes pelo uso crescente de dados de diagnóstico e direcionamento.

A Sabre desenvolveu um *Data Warehouse* Empresarial de Viagem (ETDW – Enterprise Travel Data Warehouse) usando a Teradata para manter suas reservas descomunais de dados. O ETDW é atualizado quase em tempo real com lotes que rodam a cada 15 minutos, reunindo dados de todos os empreendimentos da Sabre. A empresa utiliza seu ETDW para criar *Dashboards* Executivos Sabre que proporcionam vislumbres quase em tempo real [...].

Os *Dashboards* Executivos oferecem aos altos gestores de suas companhias aéreas clientes uma solução ágil, automatizada e fácil de usar, agregando parâmetros cruciais de desempenho de um modo sucinto e fornecendo uma visão em 360° da saúde em geral de suas empresas. Numa dessas companhias aéreas, os *Dashboards* Executivos da Sabre fornecem aos gestores seniores um resumo diário e intradiário de indicadores-chave em um único aplicativo, substituindo o processo semanal que levava 8 horas para gerar o mesmo relatório a partir de várias fontes de dados. E o uso de *dashboards* não se limita aos clientes externos; a Sabre também os utiliza em seus próprios levantamentos de desempenho operacional interno.

Os *dashboards* ajudam os clientes da Sabre a obterem uma clara compreensão dos dados por meio de suas exibições visuais que incorporam capacidades de aprofundamento. Isso substitui apresentações superficiais e possibilita uma revisão detalhada dos dados com menos esforço e em menos tempo. Ademais, facilita o diálogo em equipe ao disponibilizar os dados/parâmetros referentes a desempenho de vendas para muitos interessados, incluindo bilhetagem, assentos comprados e voados, desempenho operacional, como movimentação e rastreamento de voos, reservas, estoques e faturamento em múltiplos canais de distribuição da companhia. [...]

Com seu ETDW, a Sabre também foi capaz de desenvolver outras soluções baseadas na Web para análises e extração de relatórios, tirando proveito de dados para investigar perfis de clientes e outras interações de vendas a fim de aumentar o valor oferecido pela empresa. Isso permite uma melhor segmentação de clientes e agregação de valor aos serviços.

Considerando-se o exposto até aqui, já é possível entender como um sistema de BI pode otimizar os processos de uma empresa.

Você provavelmente já jogou Banco Imobiliário ou ouviu falar dele. No jogo, os participantes recebem uma quantia de dinheiro e competem com a sorte e as regras do tabuleiro para gerar riqueza. O desafio está em driblar as dificuldades que o jogo coloca durante as rodadas, como a perda de uma propriedade ou ir para a cadeia. Em um jogo infantil, esse tipo de revés é determinado pelo lançar dos dados. Na vida real, contudo, inúmeros motivos podem tirar uma empresa "dos trilhos".

Imagine se fosse possível saber os resultados de decisões com uma rodada de antecedência? O BI é quase isso: antever as estratégias a serem aplicadas em um caso e avaliar suas eventuais consequências a fim de determinar o maior índice de sucesso viável.

Eficiência e qualidade precisam andar juntas para garantir a prosperidade de empreendimentos. Desse modo, reconhecer quais informações podem ser decisivas em alguns contextos tem significativa contribuição nesse sucesso. A coleta deve começar internamente, e o ideal é que grandes blocos de dados sejam divididos em lotes menores por categoria, de forma a simplificar sua inclusão no *software* escolhido. Essa divisão também é útil para distinguir informação pertinente de dados sem importância. Cabe destacar que tais dados podem ser disponibilizados por completo ou parcialmente aos membros da equipe e passam a fazer parte de suas análises de rotina.

O BI, com suas previsões, correlações e apontamentos instantâneos e recorrentes, reduz os custos operacionais. Com *softwares* e *dashboards* para análise de mercado, obtém-se uma visualização intuitiva dos principais dados de interesse da gestão e de alterações no cenário em questão (Primak, 2008).

1.4 Gestão eficiente

Como conceituamos, *BI* é o nome dado aos processos de coleta, organização, análise, compartilhamento e manutenção dos dados de uma empresa ou organização, o que propicia enormes benefícios à gestão empresarial.

Uma gestão empresarial sólida e bem-estruturada tem se tornado requisito vital para que corporações continuem no mercado, podendo ser um diferencial estratégico delas. Para alcançar suas metas o quanto antes, as empresas sempre buscam otimizar seus processos e recursos, chegando, dessa maneira, a resultados como a redução de custos operacionais e o aumento da qualidade de produtos e serviços.

Nessa perspectiva, o BI delineia e exibe um panorama de todo o funcionamento da empresa. Por isso, pode servir para criar soluções mais econômicas e eficazes, que otimizem a aplicação de recursos e pessoas nos processos produtivos ou burocráticos. Além disso, fornece aos gestores resultados exatos e suficientes por meio de comparação de dados e colabora para o trabalho analítico, realizando não apenas a integração de informações coletadas por *softwares* ERPs (*Enterprise Resource Planning*, em português, sistema integrado de gestão empresarial), mas também o processamento dos dados, sendo capaz de desprezar aqueles não relevantes para a empresa, suas ações e seus resultados.

Entre os benefícios de um sistema de BI estão:

- **Planejamento** – Por meio da análise e do processamento dos dados coletados, o gestor consegue antecipar possíveis problemas e oportunidades que surgirão no mercado. Assim, ele é capaz de empreender o planejamento dos negócios com maior precisão e eficiência, mitigando as chances de risco, o que leva a empresa a atingir suas metas mais facilmente.

- **Tomada de decisões** – As ferramentas de BI são capazes de realizar o cruzamento de dados externos e internos da empresa e analisá-los por meio de algoritmos matemáticos. Os resultados dessas análises geram informações que tornam o processo de tomada de decisões objetivo e assertivo.

- **Análise de desempenho** – O BI consegue integrar informações vindas das ferramentas de análise que a empresa utiliza. Com isso, os gestores podem construir relatórios sobre o desempenho das equipes. Dessa forma, pode-se fazer uma avaliação precisa e completa do desempenho dos negócios, inclusive de cada colaborador da empresa, o que contribui para uma melhor gestão de pessoas.

- **Controle de gastos** – A gestão financeira também pode contar com a ajuda das ferramentas de BI, que executam o exame de todas as informações relacionadas ao setor financeiro, como dados de estoque, de fluxo de caixa e de investimentos. Utilizando os resultados dessas verificações, os gestores têm uma visão mais completa do uso de recursos e das demandas do negócio, determinando, assim, os investimentos necessários para apurar o posicionamento da empresa no mercado.

- **Automação e integração** – Outro benefício que um bom *software* de BI proporciona é a automatização dos procedimentos internos, de forma que toda a empresa funcione em rede e se torne mais eficiente e produtiva. Também é possível a total integração dos departamentos; isso implica que todas as equipes (estoque, recursos humanos, produção, distribuição etc.) poderão se comunicar, trabalhar em torno de objetivos comuns e, sobretudo, ter acesso às informações atualizadas e precisas para os processos decisórios.

- **Reconhecimento de oportunidades** – O BI é denominado *análise preditiva de dados*, sendo aplicado para fazer projeções de cenários e antecipar tendências de mercado, como já apontamos. Isso possibilita ao gestor visualizar antecipadamente os efeitos de suas decisões no negócio. As informações geradas por um BI permitem que a empresa identifique melhores parceiros, demandas de consumo, alterações do mercado, entre outras possibilidades. Isso viabiliza que ela se prepare bem para épocas sazonais, em que há a diminuição ou o aumento das vendas, por exemplo, bem como adote estratégias para se destacar no mercado. Esse tipo de análise também antecipa eventuais riscos, crises e problemas com os quais a empresa pode se deparar.

- **Maior eficiência e produtividade** – Os gestores têm em suas mãos os meios necessários para otimizar a rotina do negócio, pois podem reconhecer as fontes de maiores custos, as restrições dos processos produtivos, os pontos passíveis de melhoria, entre outros aspectos. Com uma ferramenta de BI, a organização usufrui de recursos que aumentam a produtividade de todo o pessoal, como a automatização de atividades burocráticas manuais. Isso faz com que os colaboradores foquem em operações que agreguem valor à empresa.

Aplicações automatizadas por computadores passaram de atividades de processamento e monitoramento de transações para tarefas de análise e solução de problemas. Parte dessas aplicações efetiva-se por meio de tecnologias em nuvem, nas quais é possível encontrar um enorme volume de dados, em muitos casos, acessados via dispositivos móveis (Sharda; Delen; Turban, 2019).

Ferramentas de análise de dados e BI, como armazenamento de dados, mineração de dados, Olap e *dashboards*, são fundamentais nas tomadas de decisões na gestão contemporânea. Os gestores precisam dispor de redes de sistemas de alta velocidade para auxiliá-los em sua tarefa mais importante: tomar decisões. Em muitos casos, tais decisões estão sendo rotineiramente automatizadas, eliminando-se a necessidade de qualquer intervenção gerencial (Sharda; Delen; Turban, 2019).

Além dos avanços em *hardware*, *software* e velocidade de rede, outros contribuíram com os sistemas de informação (SI) que dão suporte aos processos citados há pouco, quais sejam:

- **Comunicação e colaboração em grupo** – Atualmente, muitas decisões são tomadas por grupos cujos membros encontram-se geograficamente dispersos, mas podem se comunicar sem dificuldades por meio de ferramentas colaborativas. A colaboração é importante ao longo da cadeia de suprimento, na qual parceiros, desde fornecedores até clientes, precisam compartilhar informações. A reunião de um grupo de gestores, sobretudo de especialistas, em um mesmo local, pode ter um custo elevado. Sistemas de informação permitem, assim, que a comunicação e o processo colaborativo ocorram mesmo que seus membros estejam em locais diferentes, o que reduz gastos com deslocamento. Acima de tudo, tal colaboração ao longo da cadeia de suprimento propicia que os fabricantes fiquem a par de novos padrões de demanda, atendendo o mercado com maior agilidade.
- **Avanços no gerenciamento de dados** – Muitas decisões envolvem análises computacionais complexas. Os dados para essas análises podem ser armazenados em diferentes bancos de dados, localizados dentro ou fora da organização, e incluir texto, áudio, imagens e vídeo

em variados idiomas. Muitas vezes, é preciso transmitir esses conteúdos rapidamente a partir de locais distantes. Os sistemas atuais são capazes de pesquisar, armazenar e transmitir tais dados de maneira ágil, econômica, segura e transparente.

- **Gerenciamento de DWs e *big data*** – Grandes sistemas de DWs, como os da rede Walmart, contêm quantidades gigantescas de dados. Os custos relativos ao armazenamento e à mineração deles estão em acentuado declínio. Nesse contexto, as tecnologias incluídas na categoria *big data* viabilizam a transmissão de um imenso percentual de dados provenientes de várias fontes e em diversos formatos, o que configura um desempenho organizacional distante do viável no passado.

- **Suporte analítico** – Diante da ampla difusão de tecnologias de análise de dados, emergem novas alternativas: previsões podem ser aprimoradas, análises de risco, aceleradas; e opiniões de especialistas de locais remotos, coletadas com agilidade e a um custo reduzido. Com essas ferramentas, os gestores que necessitam tomar decisões podem conduzir simulações complexas, bem como verificar seus impactos de forma rápida e com pouco investimento.

- **Gestão de conhecimento** – As organizações detêm uma ampla gama de informações a respeito de suas operações, seus clientes, seus procedimentos internos, suas interações com funcionários, entre outros elementos. Sistemas de gestão do conhecimento tornaram-se fontes de informações formais e informais para decisões gerenciais.

- **Suporte a qualquer hora ou em qualquer lugar** – Usando tecnologia sem fio, gestores conseguem acessar informações a qualquer hora e em qualquer lugar, além de analisá-las, interpretá-las e comunicá-las aos interessados. Essa talvez tenha sido a maior e mais significativa mudança dos últimos anos. A velocidade com que as informações precisam ser processadas e convertidas em decisões alterou bastante as expectativas por parte tanto dos clientes quanto das empresas. Essas e outras possibilidades vêm motivando o uso de suporte computadorizado para decisões desde o fim dos anos 1960, mas com maior vigor desde meados dos anos 1990. O crescimento das tecnologias móveis, das plataformas de redes sociais e das ferramentas analíticas viabilizou um novo nível de suporte por sistemas de informação para os gestores.

Além de automatizar processos manuais demorados, o BI analisa os dados que seria impossível de serem analisados por seres humanos. Em um espaço de tempo muito pequeno, essa ferramenta consegue localizar padrões e tendências nos bancos de dados disponíveis, gerando informações cruciais para as tomadas de decisões de gestores, responsáveis pelo futuro das empresas e das organizações.

1.5 Entendendo ERP, CRM e BPM

Vejamos agora quais são as três ferramentas de gestão de empresas e como elas se relacionam com as soluções de BI.

1.5.1 *Enterprise Resource Planning* (ERP)

ERP é a sigla em inglês para *Enterprise Resource Planning*. Em português, a tradução literal seria "planejamento dos recursos da empresa"; porém, no Brasil, utiliza-se, comumente, "Sistema de Gestão Empresarial" (Caiçara Junior, 2015).

Os ERPs são sistemas que visam integrar todas as áreas e os processos da empresa em uma única plataforma. Isso inclui, por exemplo, compras realizadas, vendas efetivadas, fluxo de caixa, inventário do estoque e balanço contábil. Assim, todos os processos podem ser visualizados e acompanhados em uma única plataforma, e os responsáveis pela gestão não precisam navegar entre diferentes programas, coletando informações de vários painéis para analisar os dados e escolher estratégias (Caiçara Junior, 2015). Podemos citar como exemplo de ERP o SAP.

Para saber mais

Para conhecer mais sobre o ERP da SAP e sua implementação, acesse o *site* da empresa e pesquise as distintas soluções oferecidas aos diferentes tipos de empresas.
SAP. Disponível em: <https://www.sap.com/brazil/index.html>. Acesso em: 22 abr. 2021.

Agora, para entendermos melhor, analisemos um exemplo de uma situação em que a empresa cometeu um erro operacional que poderia ter sido evitado com a utilização de um sistema de ERP.

Como você já deve ter percebido, ERP e BI são complementares. Enquanto o ERP recebe as informações e as organiza, o BI usa os dados para gerar conhecimento com base em análises. Quando se integram ERP e BI, o gestor consegue fazer as informações circularem de forma ágil e precisa entre todos os membros de sua equipe. Todos os colaboradores são, assim, constantemente atualizados sobre o que está acontecendo no ambiente laboral e tomam decisões considerando isso. O gestor pode avaliar a necessidade de investimentos na empresa graças às informações e aos *insights* apontados pelas ferramentas, e a diretoria toma ciência de quais áreas da empresa necessitam de melhorias, conseguindo, dessa maneira, direcionar os investimentos com eficiência.

Além disso, é possível aferir o retorno dos investimentos já empreendidos. Para tanto, basta examinar os dados apurados pelos sistemas e comparar o valor aportado com os resultados obtidos. Com isso, identificam-se gargalos, erros e oportunidades de aprimoramento, concretizando-se mudanças facilmente, sejam estruturais, sejam pontuais. Assim, a empresa rende mais e seus custos caem (Caiçara Junior, 2015).

Exemplo prático

Uma empresa com muitas filiais recebeu 1.000 itens de um produto e os colocou à venda. Ao passar os dados ao setor fiscal ou contábil, devido a um erro de digitação, informou incorretamente a quantidade de itens recebidos. Um ponto muito importante nesse caso é que essa empresa utiliza diversos *softwares* separados para gestão. Vamos supor que a pessoa tenha digitado 100 em vez de 1.000 unidades. Esse é o número que o setor de vendas reconhece e se planeja para atender. Na sequência, ele realiza a venda dos 100 itens e, no sistema em questão, o estoque do produto fica zerado. Logo, o item está em falta e não pode ser comercializado no momento.

Em seguida, o setor de finanças ou de controle de estoque é informado de que aquele item está zerado, e mais 1.000 unidades do mesmo produto são solicitadas ao fornecedor. Por fim, quando o novo lote chega ao estoque, percebe-se que ainda existem 900 itens guardados.

Nesse cenário, a empresa deixou de vender até 909 itens entre a notificação de estoque zerado e a chegada do novo carregamento; investiu capital de giro em um item que não era necessário e agora precisará vender 1.900 unidades. Existe aqui enorme possibilidade de ficar com estoque parado e precisar reduzir o preço de venda.

1.5.2 *Customer Relationship Management* (CRM)

A gestão de relacionamento com o cliente (CRM) é uma tecnologia que visa gerenciar todos os relacionamentos e as interações de uma empresa com clientes antigos e clientes potenciais. O objetivo é melhorar as relações comerciais e expandir os negócios. Um sistema de CRM ajuda as empresas a se manterem conectadas aos clientes, otimizar processos, aumentar as vendas e, portanto, os lucros.

Quando as pessoas falam sobre CRM, normalmente se referem a um sistema, isto é, uma ferramenta que ajuda no gerenciamento de contatos, de vendas, da efetividade dos vendedores, entre outros indicadores. As ferramentas de CRM agora podem ser usadas para gerenciar relacionamentos com clientes em todo o ciclo de vida do produto, abrangendo marketing, vendas e comércio digital, assim como oferecendo a todos uma maneira melhor de administrar as interações e os relacionamentos externos com vistas ao sucesso na venda.

Uma ferramenta de CRM permite armazenar informações de contato de clientes e clientes em potencial, identificar oportunidades de vendas, registrar problemas de serviço e gerenciar campanhas de marketing, tudo em uma plataforma central que disponibiliza informações sobre cada comunicação realizada com o cliente para qualquer pessoa que precisar verificá-la dentro da empresa.

O que se espera de uma plataforma de CRM?

- rastrear ativamente e gerenciar as informações dos clientes;
- conectar toda a equipe em qualquer dispositivo;
- capturar, de maneira inteligente, os e-mails dos clientes;
- fornecer recomendações e informações instantâneas;
- simplificar tarefas repetitivas.

BI e CRM são, então, soluções estratégicas cada vez mais adotadas pelas empresas em razão dos resultados que proporcionam – no caso do segundo, muitos dados. No entanto, como enfatizamos, apenas reter blocos de informação não promove resultados nem implica apoio a procedimentos e decisões. Por isso, é importante integrar CRM e BI para, respectivamente, coletar e usar esses dados. Por exemplo, com as informações dos clientes em potencial, a estratégia de marketing e a abordagem podem ser mais bem direcionadas, aumentando, assim, as vendas.

O CRM objetiva conhecer os clientes por meio de relacionamento e gestão de dados. Porém, o BI pode ir mais fundo na mineração das informações e traçar indicadores principais e secundários a serem acompanhados e estimulados.

Uma solução de BI pode colocar a empresa na dianteira das tendências de consumo por meio de análises preditivas. Então, integrando-se as duas soluções, BI e CRM, podem-se prever algumas situações com os clientes em potencial e os já fidelizados, oferecendo-lhes um atendimento personalizado. Assim, a organização pode segmentar uma parte dessas pessoas de acordo com os perfis que se encaixem em um público consumidor de determinada tendência (Zenone, 2019).

1.5.3 Business Process Management (BPM)

Business Process Management é traduzido para português como "gerenciamento de processo e negócio". Trata-se de uma ferramenta para os gestores conhecerem a fundo o fluxo e as rotinas de seus processos. Essa metodologia auxilia na interpretação dos processos e na detecção e resolução de gargalos para otimizar os resultados esperados.

Um dos requisitos fundamentais para a gestão, nos dias de hoje, é um suficiente mapeamento dos processos da empresa. Saber quais etapas compõem o fluxo de trabalho de cada um dos setores pode facilitar bastante o aprimoramento dos serviços. Nesse sentido, o BPM busca pôr em evidência informações essenciais acerca da execução dos processos, de modo que possam ser gerenciados e refinados, viabilizando, desse modo, a tomada de decisões e a visão geral do negócio.

O que é

BPM é uma disciplina que compreende qualquer combinação de modelagem, automação, execução, controle, medição e otimização de atividades de negócios, em apoio aos objetivos da empresa, abrangendo sistemas, funcionários, clientes e parceiros dentro e além dos limites da empresa.

BPM é uma prática, é algo que você faz. Na sequência, abordamos seus conceitos basilares.

O **negócio** emerge em uma situação de necessidade e implica um trabalho comercialmente viável e lucrativo. Uma empresa existe para fornecer valor aos clientes em troca de outra coisa valiosa.

Processo, por sua vez, representa um fluxo – com ordem flexível ou estritamente definida – de atividades de negócios. Essas atividades devem estar conectadas e voltadas à realização de alguma transação de negócios.

A pessoa responsável pelo BPM deve considerar um processo no escopo das atividades inter-relacionadas de um negócio, que cooperam entre si para cumprir um objetivo. Essa é a principal característica de uma visão funcional de negócio, em que cada função pode ser otimizada independentemente das outras funções. Em um sistema complexo como uma empresa, é sabido que a otimização local de parte do sistema raramente leva a bons resultados gerais. Um praticante de BPM deve levar em conta as métricas de todo o sistema ao avaliar um processo específico.

A **modelagem** requer identificar, definir e representar todo o processo para dar suporte à comunicação sobre ele. Não existe uma forma padrão de modelar, mas o modelo deve abranger o processo.

A **automação** refere-se ao trabalho que é feito com antecedência para garantir a execução tranquila das instâncias do processo. Em muitos casos, isso significa "escrever" o *software*.

Já a **disciplina de BPM** é uma atividade que se desenvolve ao longo do tempo para melhorar continuamente as medidas do processo. A melhoria é relativa aos objetivos da organização e, em última instância, à satisfação das necessidades dos clientes. O BPM vê-se como componente de um sistema maior dentro e fora dos limites da empresa. Os clientes fazem parte do processo de negócios. Seu diálogo com os funcionários deve ser concebido como parte da interação de ponta a ponta (Brocke; Rosemann, 2013).

Para saber mais

Para entender mais sobre BPM, acesse o *site* da Association of Business Process Management Professionals International (ABPMP). Nele, você pode conhecer algumas certificações internacionais dessa área de atuação, assim como o percurso evolutivo dela.

ABPMP BRASIL – Association of Business Process Management Professionals International. **Educação**. Disponível em: <https://www.abpmp-br.org/educacao/>. Acesso em: 16 abr. 2021.

Em complemento, recomendamos o acesso ao Heflo, uma ferramenta *on-line* e gratuita de modelagem de processos.

HEFLO. Disponível em: <https://www.heflo.com/pt-br/>. Acesso em: 16 abr. 2021.

Assimilados esses conceitos, analisemos pontos práticos e funcionais dessa ferramenta.

O BPM é descrito, em muitas definições, como uma forma de trabalhar com premissas e orientações práticas. Para implementar uma metodologia de trabalho assim, são necessários treinamento de pessoas, ferramentas e documentos específicos. Ela visualiza o negócio como um conjunto de processos e visa refiná-los.

Esse conceito é importante, pois "habilidade" é diferente de "melhoria de habilidade". Por exemplo, a atividade de dirigir distingue-se da ação de fazer um curso de direção para aprimorá-la. Portanto, a prática de BPM não se refere apenas à automatização de processos de negócios, mas à melhoria deles. Da mesma forma, aprimoramento não diz respeito somente à automatização.

Em suma, o BPM é a ação de descobrir e projetar o processo automatizado, o qual é concluído quando implantado na organização. A execução dos processos não faz parte do BPM. No entanto, é de sua incumbência monitorá-los para descobrir oportunidades de progresso.

Um fluxo de processo de negócio envolve muitas pessoas, mas quantas delas estão, de fato, preocupadas com melhorá-lo? Alguns insistem que a melhoria é tarefa de todos – ou seja, a recepcionista, por exemplo, deve refletir sobre como refinar as operações, se viável. Essa interpretação é ampla demais para ser aplicada. Todos em uma empresa tentam trabalhar da melhor maneira, e todo bom trabalho contribui para a expansão do negócio, porém não necessariamente configura BPM.

Nesse sentido, BPM é, de forma restrita, a atividade empreendida por pessoas que ativamente enfocam os processos de negócios na intenção de aprimorá-los. Claramente, esses sujeitos devem solicitar a opinião de tantos outros quanto possível, mas esses outros não estão realizando BPM. A implementação da solução de processo não é BPM. As soluções automatizadas costumam ser desenvolvidas de forma a colaborar com os processos, mostrar ao cliente, obter *feedback*, capacitar e integrar funcionários. Essas melhorias devem ser incluídas como atividade de BPM, mas a atividade de implementação da aplicação não é BPM. Se você está ativo e, principalmente, envolvido na melhoria do processo, é BPM; caso contrário, é apenas engenharia.

Uma pessoa que faz BPM precisa ter algum tipo de perspectiva geral do processo. Um engenheiro que encontra uma maneira de dobrar a largura de banda de um cabo de fibra ótica, por exemplo, está melhorando todos os processos que exigem comunicação, mas isso não é BPM. Trata-se de uma melhoria importante, é claro, porém pontual. Para ter uma discussão sobre BPM, devemos considerar apenas as atividades de pessoas que têm uma visão de todo o processo e o afetam de ponta a ponta (Brocke; Rosemann, 2013).

Perguntas & resposta

BPM é um *software* ou uma solução de automação?

BPM é uma metodologia de trabalho na qual profissionais capacitados mapeiam toda a cadeia de processos de um negócio e trabalham para otimizá-la. Existem inúmeras ferramentas usadas pelos profissionais de BPM, incluindo *softwares* especializados, porém BPM vai além de uma solução automatizada, é toda uma área de conhecimento.

Mais uma vez conseguimos ver como acontece a integração entre essas duas ferramentas – BI e BPM. De um lado, temos o BPM, com o fluxo de processo das atividades de negócio bem-estruturado – um arquivo enorme formado por dados acerca desses processos, que serve diariamente à construção de relatórios com base nos quais gestores tomam decisões. Por outro lado, temos as soluções de BI, que analisam dados de *big* DW em busca de padrões e tendências, a fim de gerar informações importantes para os processos decisórios conduzidos por gestores.

1.6 Pilares do BI

Grande parte dos empresários já está familiarizada com o termo *business intelligence* (BI). Esse conceito, como pudemos entender, modifica o funcionamento de uma organização com vistas a melhorar seus resultados. Para operar com BI, os gestores devem adotar medidas como:

- organizar os processos internos de forma estratégica;
- automatizar serviços para integrar e ampliar a eficiência dos setores;
- agrupar dados e transformá-los em informação confiável, exata e de qualidade;
- tomar decisões acertadas com base em análises bem-calculadas;
- ter uma visão clara dos objetivos gerais a serem alcançados;
- buscar falhas, identificar oportunidades de investimentos e aprimorar seu desempenho no mercado.

Pode-se dizer que usar o BI é o mesmo que perseguir a excelência na gestão apropriando-se das ferramentas à disposição na empresa – por exemplo, um ERP.

Para que o BI seja implementado com sucesso, é crucial conhecer e respeitar os princípios que baseiam todo o seu funcionamento, quais sejam:

1. Arquitetura e processo.
2. Visualização e experiência do usuário.
3. Segurança e ciclo de vida.
4. Estatísticas e práticas.

Vamos entender um pouco mais sobre cada um dos pilares citados?

Arquitetura e processo

Esse pilar trata do gerenciamento e da modelagem de dados. Existem dois tipos principais de ferramentas que podem ser usados:

1. **ETL** – Essa sigla, do inglês *extract, transform, load*, significa extrair, transformar e carregar. É uma ferramenta usada para identificar fontes de dados, reuni-los, traduzi-los para um formato padrão e carregá-los em um banco de dados.

2. **Banco de dados** – Essa é uma ferramenta que armazena dados e fornece uma estrutura particular para que possam ser consultados em partes ou em totalidade. A maneira como os dados são armazenados é chamada de *modelo*. A tarefa mais importante que um profissional de BI pode ter é projetar um modelo de dados adequado, porque isso determina a facilidade e a velocidade com que esses elementos podem ser consultados por muitos anos. Quando os dados armazenados em um banco não estão facilmente disponíveis, a solução de BI enfrenta dificuldades para processar as informações e, por consequência, torna-se lenta.

Visualização e experiência do usuário

A visualização de dados trata da disposição e da exibição de dados para o usuário final de uma maneira atraente e acessível, de modo que o significado deles possa ser prontamente comunicado. O profissional que desenvolve esses modelos de visualização de informações é responsável pela experiência do usuário na navegação e na interpretação dos dados.

Há um grande número de ferramentas gráficas empregadas nesse trabalho, geralmente tabelas e gráficos com textos, sons e multimídia. Os dados também podem ser apresentados *on-line*, por meio de *desktops* e dispositivos móveis, ou *off-line*, para relatórios impressos. O desenvolvedor dessas informações deve conhecer seu público e garantir que este não fique confuso ou frustrado ao acessar os dados. Portanto, a exposição deles deve ser precisa, nítida e estimulante do hábito de consumo.

Segurança e ciclo de vida

Esse pilar começa com o gerenciamento de metadados, o qual considera a procedência e a segurança dos dados durante a vida útil do aplicativo. Isso é norteado por questões como: Quem está autorizado a usar ou alterar esses dados? Quais são as fontes alternativas de dados e como são reconciliadas? Por quanto tempo os dados ficarão ativos? Quando e onde serão arquivados? Quando e como devem ser apagados? O que acontece quando algo muda?

Essa gestão também pode incluir a resolução de questões sobre o custo de manutenção da solução e o escopo das tecnologias aplicadas para fornecê-la no que concerne a atualizações e depreciações.

Estatísticas e práticas

Esse é um novo aspecto do BI que gerencia componentes interpretativos dos próprios dados. É necessário porque a escala dos conjuntos de dados de aplicativos de BI cresceu exponencialmente. Logo, um cuidado especial deve ser tomado quando as métricas compostas complexas são feitas sobre esses grandes conjuntos. Para certas métricas, a interpretação é direta, por exemplo: Há quantos carros? 159 automóveis.

Um praticante de BI nessa especialização garante que os dados sejam levados tão a sério quanto possível e ajuda a equilibrar os instintos e a compreensão dos tomadores de decisão ante os reportes do sistema. Eles devem entender os objetivos do negócio e a aplicação da análise estatística à gestão.

Síntese

Neste capítulo, entendemos que:

- As empresas precisam traduzir dados em informações para planejar estratégias de negócios futuros. Na maioria delas, dados valiosos são armazenados em planilhas ou servidores enormes.

- *Big data* é mais do que apenas dados. O termo concerne à análise desses elementos para revelar padrões ocultos, tendências e relacionamentos, bem como está relacionado com o comportamento das pessoas.
- O BI é impulsionado por IA, aprendizado de máquina, reconhecimento de padrões, análise de dados, entre outras tecnologias. Sua importância reside nos resultados que alcança. Basicamente, BI produz informações práticas e precisas extraídas do *big data* da empresa acerca de seus negócios e seus processos.
- O BI atua diretamente na obtenção de resultados, visto que opera com a realidade da empresa, utilizando informações de planilhas até *softwares* de gestão. Isso propicia a líderes e gestores conhecimentos que servem de norte para definir o rumo da empresa na busca por seus objetivos.
- O BI é capaz de dar à empresa um panorama geral de seu funcionamento. Por isso, pode ser usada para criar soluções mais econômicas e eficazes, que otimizem a aplicação de recursos e pessoas nos processos produtivos ou burocráticos.
- Uma gestão empresarial sólida e bem-estruturada, baseada em dados e informações, tem se tornado cada vez mais vital para que corporações prossigam no mercado e pode funcionar como diferencial estratégico delas.
- Os ERPs são sistemas que visam integrar todas as áreas e os processos da empresa em uma única plataforma. Isso inclui, por exemplo, compras realizadas, vendas efetivadas, fluxo de caixa, inventário do estoque e balanço contábil.
- CRM oferece a todos – desde equipe de vendas, atendimento ao cliente, desenvolvimento de negócios, recrutamento, *marketing* até qualquer outra linha de negócios – uma maneira melhor de gerenciar as interações e os relacionamentos externos, sempre visando ao sucesso na venda.

- BPM é uma disciplina que envolve qualquer combinação de modelagem, automação, execução, controle, medição e otimização de atividades de negócios, em apoio aos objetivos da empresa, abrangendo sistemas, funcionários, clientes e parceiros dentro e além dos limites da empresa.

Questões para revisão

1. Sobre as ferramentas de *software* que constituem o processo de BI, relacione as colunas a seguir.

    I. Olap
    II. Data mining
    III. Data warehouse

    ( ) É um conjunto de ferramentas que ajuda os usuários a analisar dados multidimensionais. É usado em relatórios de negócios, orçamentos e previsões.

    ( ) É um processo por meio do qual grandes conjuntos de dados são analisados para detectar padrões existentes. Usa métodos de aprendizado de máquina, estatísticas e bancos de dados.

    ( ) É um sistema de computador que produz análises de dados e relatórios úteis para a empresa. Também centraliza os dados coletados de muitas fontes diferentes.

    Assinale a alternativa que contém a sequência correta:

    a. II, III, I.
    b. III. I, II.
    c. I, III, II.
    d. I, II, III.
    e. III, II, I.

2. Se bem-implementado, o BI não só reduz o tempo da análise de dados, mas também maximiza os acertos dos gestores nos processos decisórios. Considerando essa afirmação, leia as definições a seguir e assinale a que descreve corretamente o objetivo de BI:

   a. É uma solução que combina arquiteturas, ferramentas, bases de dados, ferramentas analíticas, aplicativos e metodologias.
   b. Foi criado para gerar informações úteis a médio e longo prazos.
   c. Gera informações provenientes de análise de dados.
   d. Possibilita acesso interativo e até em tempo real a dados, que podem ser manipulados ou conduzir análises de gestores empresariais e especialistas.
   e. É a automação da tarefa de compilar e analisar dados.

3. Vimos no Capítulo 3 poderosas ferramentas para gestão empresarial: sistema de gestão empresarial (ERP), gestão de relacionamento com o cliente (CRM) e gerenciamento de processos de negócios (BPM). Qual a grande vantagem que elas trazem quando integradas com uma solução de BI?

   a. Rastrear ativamente e gerenciar as informações dos clientes.
   b. Integrar todas as áreas e processos da empresa em uma plataforma.
   c. Gerar informações baseadas em análise de dados.
   d. Fornecer recomendações de forma instantânea.
   e. Modelar o fluxo de processos de atividades de uma empresa.

Data warehouse (DW)

Conteúdos do capítulo

- Conceito de metadados.
- Arquitetura e funções de *data warehouse* (DW).
- Roteiro de modelagem.
- Implantação de DW.

Após o estudo deste capítulo, você será capaz de:

1. explicar importância, funcionamento da arquitetura e etapas de implantação de DW;
2. caracterizar roteiro de modelagem;
3. definir metadados.

capítulo 2

Em tecnologia da informação (TI), o termo *data warehouse* (DW) tem origem remota, antes mesmo de os computadores serem amplamente usados. No início do século XX, as pessoas usavam dados, sobretudo por meio de métodos manuais, para identificar tendências e ajudar empresas e empreendimentos a tomarem decisões – esse era o propósito predominante dos DWs.

As razões que levaram ao desenvolvimento de tecnologias de DW remontam à década de 1970, quando o mundo dos computadores era dominado por *mainframes*. Soluções de processamentos de dados em empresas e empreendimentos apresentavam complicadas estruturas de arquivos com bancos de dados primitivos. Embora essas aplicações rodassem funções rotineiras de processamento de dados, os dados resultantes disso – informações a respeito de clientes, os produtos que eles encomendavam e quanto dinheiro gastavam; tendências de vendas por região ou por produto – ficavam aprisionados nos arquivos de bancos.

Quando informações agregadas se faziam necessárias, era preciso solicitá-las no departamento de processamento de dados, em que a consulta era colocada em uma lista de espera com solicitações de relatórios. Mesmo já existindo a necessidade de gerar informações baseadas em dados, a tecnologia de banco de dados não estava disponível para supri-la (Sharda; Delen; Turban, 2019).

Veremos neste capítulo a importância de uma empresa ou negócio possuir um DW bem estruturado e implementado, o que propicia desempenho eficiente. Nos dias de hoje, a organização e o armazenamento de dados são essenciais, haja vista estarmos em uma era na qual há muitos dados para analisar e, ao mesmo tempo, acessar rápida e facilmente, o que pode ser decisivo para o direcionamento correto de um negócio. É de tamanha importância que, provavelmente, em um futuro próximo, toda empresa terá uma solução de DW ou contratará o serviço de uma terceirizada.

2.1 História do DW

De modo sucinto, um DW (ou armazém de dados) é uma coleção de dados produzidos para embasar a tomada de decisões. Trata-se de um banco de dados históricos útil para gestores de toda a organização. Em geral, os dados são estruturados para ficarem disponíveis em um formato pronto para atividades de processamento analítico *on-line*, mineração de dados, consultas, extração de relatórios e outras aplicações que norteiam processos decisórios (Sharda; Delen; Turban, 2019).

O que é

Segundo Sharda, Delen e Turban (2019), DW é uma coleção organizada de dados por tema e tipo, variável no tempo e não volátil, em apoio ao processo decisório em âmbito administrativo.

No final do século XX, empresas comerciais de *hardware* e de *software* surgiram, comercializando soluções para o armazenamento de dados. Entre 1976 e 1979, emergiu um novo conceito que criou uma empresa, a Teradata. Esse conceito foi desenvolvido com base em pesquisas conduzidas no California Institute of Technology (Caltech) e motivadas por discussões com o grupo avançado de tecnologia do Citibank.

Figura 2.1 – Eventos cronológicos que motivaram a criação de DW

- Computadores *mainframe*
- Simples inserção de dados
- Relatórios rotineiros
- Estruturas primitivas de bancos de dados
- Fundação da Teradata

- Armazenagem de dados centralizada
- Nascimento do *data warehouse*
- Inmon, Building the Data Warehouse
- Kimball, The Data Warehouse Toolkit
- Projeto de arquitetura em EDW

- Análise de Big Data
- Análise de redes sociais
- Análise de texto e da Web
- Handoop, MapReduce, NoSQL
- Em memória, no próprio banco de dados

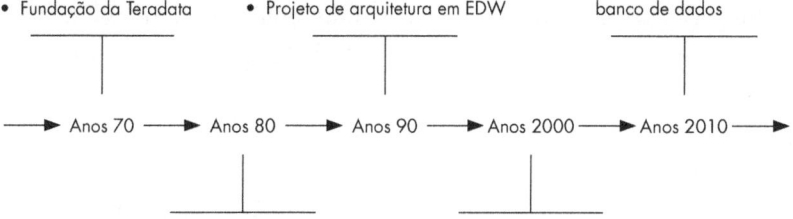

Business intelligence

──▶ Anos 70 ──▶ Anos 80 ──▶ Anos 90 ──▶ Anos 2000 ──▶ Anos 2010 ──▶

- Computadores mini/pessoais (PCs)
- Aplicativos de negócios para PCs
- DBMS distribuído
- DBMS relacional
- Teradata fornece BDs comerciais
- Termo *business data warehouse* é cunhado

- Crescimento exponencial de dados na Web
- Consolidação do setor de DW/BI
- Surgimento dos equipamentos de *data warehouse*
- Popularização da inteligência de negócios
- Mineração de dados e modelagem preditiva
- *Software* de código aberto
- SaaS, PaaS, computação em nuvem

Fonte: Sharda; Delen; Turban, 2019, p. 155.

Os fundadores trabalharam para projetar um sistema de gerenciamento de banco de dados para processamento paralelo com múltiplos microprocessadores, cujo objetivo principal era fornecer informações para apoiar os gestores nas tomadas de decisões.

A Teradata, fundada em 13 de julho de 1979, começou em uma garagem em Brentwood, Califórnia. O nome *Teradata* foi escolhido para simbolizar a capacidade de gerir *terabytes*, trilhões de *bytes* de dados.

Os anos 1980 representaram a década dos computadores pessoais e dos minicomputadores. Antes que qualquer um percebesse, aplicações reais computadorizadas já não dependiam de *mainframes*, elas estavam por toda parte, para onde quer que se olhasse dentro de uma organização. Isso levou a um problema com o qual as empresas ainda não tinham se deparado, denominado *ilha de dados*.

A solução para esse problema suscitou a programação de um novo tipo de *software*, chamado de *sistema de gerenciamento de banco de dados*, capaz de encontrar os dados buscados nos bancos por toda a organização, reunindo todos no mesmo lugar para, então, consolidá-los, triá-los e convertê-los em respostas às perguntas dos usuários.

Embora o conceito parecesse sólido e tivesse apresentado bons resultados iniciais na fase de pesquisas, mostrou-se, em certa medida, ineficiente no mundo real, e o problema das ilhas de dados continuou.

Enquanto isso, a Teradata começou a distribuir produtos comerciais para resolver esse problema. O banco Wells Fargo recebeu o primeiro sistema de teste da Teradata no mundo em 1983, um *relational database management system* (RDBMS), ou sistema de gerenciamento de banco de dados relacional.

Em 1984, a Teradata lançou uma versão comercial de seu produto e, dois anos depois, a revista *Fortune* elegeu a empresa como "produto do ano". A Teradata, ainda atuante nos dias de hoje, construiu o primeiro equipamento de DW, uma combinação de *hardware* e *software* para resolver as necessidades de armazenamento de dados. Nesse contexto, outras empresas também começaram a criar soluções e produtos para esse novo mercado.

Na década de 1980, uma série de outros eventos aconteceu, simultaneamente, marcando esse momento pela inovação na área de armazenamento de dados. Ralph Kimball, por exemplo, fundou a Red Brick Systems em 1986. Durante seus primeiros anos, a empresa foi chamada de *visionária* ao discutir como aprimorar o acesso aos dados. Em 1988, Barry Devlin e Paul Murphy, da IBM Ireland, introduziram o termo *business data warehouse* (armazém de dados de negócios) como um componente-chave dos sistemas empresariais informatizados.

Na década de 1990, uma nova abordagem para solucionar o problema das ilhas de dados foi adotada. Uma vez que, nos anos 1980, buscar e acessar dados diretamente dos arquivos e dos bancos de dados não funcionou, fez-se então um retorno aos anos 1970, quando dados desses locais eram copiados para outra localização, só que da maneira certa dessa vez. Foi assim que os DWs nasceram.

Em 1993, Bill Inmon – reconhecido por muitos como o pai dos DWs – escreveu o livro *Building the DataWarehouse*. Publicações adicionais foram feitas, incluindo o livro *The Data Warehouse Toolkit*, lançado em 1996 por Ralph Kimball, que discutia técnicas de design dimensional de propósito geral para aprimorar a arquitetura de dados para sistemas de embasamento de decisões centrados em consultas.

Na década de 2000, tanto a utilização quanto a quantidade de dados seguiram aumentando. A comunidade de fornecedores e de opções começou a se consolidar. Em 2006, a Microsoft adquiriu a ProClarity, embarcando no mercado de DWs. No ano seguinte, a Oracle comprou a Hyperion, a SAP adquiriu a Business Objects e a IBM incorporou a Cognos. Os líderes em DW da década de 1990 acabaram, assim, sendo engolidos por alguns dos maiores fornecedores de soluções em sistemas informatizados no mundo.

Nessa época, houve o advento de outras inovações, incluindo equipamentos de armazenamento de dados de fornecedores como Netezza (adquirida pela IBM), Greenplum (adquirida pela EMC) e DATAllegro (adquirida pela Microsoft), assim como mecanismos de gestão de desempenho que permitiam o monitoramento de atividades em tempo real. Essas soluções proporcionaram economia de custos, pois eram retroativamente compatíveis com soluções legadas de DW.

Nesse âmbito, desde 2010, o assunto do momento tem sido *big data*. Muitos creem que, com o nascimento do *big data* e suas tecnologias adjacentes, os DWs serão radicalmente reconfigurados, coexistirão com esse sistema (o que parece ser o desfecho mais provável) ou se tornarão obsoletos. As tecnologias que acompanham o *big data* incluem Hadoop, MapReduce, NoSQL e Hive. Outra possibilidade é que se cunhe um termo que designe a combinação das necessidades e capacidades de DWs tradicionais com o fenômeno do *big data* (Sharda; Delen; Turban, 2019).

2.2 Tipos de DW

Vamos ver agora os três principais tipos de DW, suas diferenças e suas características.

Data marts (DM)

Os DWs combinam bases de dados espalhadas por toda a empresa, ao passo que um DM é menor e concentra-se em um assunto ou departamento, por exemplo, engenharia de processo ou controle de vendas. Trata-se, assim, de um subconjunto de DW.

Um DM pode ser dependente ou independente. O **dependente** é um subconjunto diretamente derivado de um DW. Entre suas vantagens estão um modelo consistente de dados e a oferta de dados de qualidade. DMs dependentes suportam o conceito de um único modelo de dados para a empresa inteira, mas, para isso, o DW precisa ser construído antes.

O alto custo dos DWs limita seu emprego em grandes empresas. Como alternativa, muitas companhias utilizam uma versão de baixo custo e simplificada de um DW, chamada de *DM independente*. Um DM **independente** é um pequeno DW projetado para uma unidade ou departamento estratégico de negócios, mas sua fonte não é um DW empresarial.

Operational data store (ODS)

Um *operational data store* (ODS), ou depósitos de dados operacionais, destaca-se por ser uma forma recente de arquivamento de informações sobre clientes. Esse tipo de base de dados costuma ser usado como etapa provisória para um DW. É usado para decisões a curto prazo envolvendo aplicações de missão crítica, e não para decisões a médio e longo prazos.

É similar a uma memória de curto prazo, porém registra apenas informações recentes. Em comparação, um DW representa uma memória de longo prazo, já que armazena informações permanentes. Um ODS consolida dados vindos de múltiplos sistemas e oferece uma visão integrada, quase em tempo real, dos dados.

Enterprise data warehouse (EDW)

Um *enterprise data warehouse* (EDW), ou DW empresarial, é um DW em grande escala, usado por toda a empresa para o embasamento das tomadas de decisões. O formato de armazenamento em larga escala de um EDW proporciona integração de dados de muitas fontes em um formato padronizado para aplicações efetivas de *business inteligence* (BI). EDWs são empregados para fornecer dados para muitos tipos de sistemas de apoio a decisões (ou *decision support systems* – DSS), incluindo gestão de relacionamento com o cliente (CRM), gestão de cadeia de suprimento (ou *supply chain management* – SCM), gestão de desempenho de negócios (*Business Process Management* – BPM) e monitoramento de atividades comerciais (Sharda; Delen; Turban, 2019).

Exemplo prático

Provedoras de serviços móveis (isto é, Companhias de Telecomunicação, ou Telecoms, para abreviar) que ajudaram a desencadear o crescimento explosivo no ramo em meados e final dos anos 1990 colhem há muito tempo os benefícios de serem as desbravadoras do mercado. Para permanecerem competitivas, essas empresas têm de refinar continuamente diversos aspectos, desde serviço ao cliente até planos de preços. Na verdade, operadoras veteranas enfrentam muitos dos mesmos desafios que as operadoras recém-chegadas têm de encarar: retenção de clientes, diminuição de custos, sintonia fina de modelos de preços, melhoria da satisfação dos clientes, aquisição de novos clientes e compreensão do papel das mídias sociais na fidelidade dos clientes.

A análise de dados altamente focada cumpre um papel mais crucial do que nunca em ajudar as operadoras a assegurarem ou a melhorarem sua posição em um mercado cada vez mais competitivo. Eis como algumas das operadoras de maior destaque mundial estão criando um futuro auspicioso baseado em negócios sólidos e informações sobre clientes.

> **Retenção de clientes**
>
> Não chega a ser segredo que a velocidade e o sucesso com os quais uma operadora lida com solicitações de serviço afetam diretamente a satisfação dos clientes e, por consequência, sua propensão a procurarem concorrentes. Mas identificar ao certo quais fatores exercem o maior impacto é um desafio.
>
> "Se pudéssemos rastrear as etapas envolvidas em cada processo, poderíamos descobrir pontos de falha e de aceleração", observa Roxanne Garcia, gerente do centro de operações comerciais da Telefónica de Argentina. [...]
>
> A solução da empresa foi seu projeto de rastreabilidade, que começou com 10 *dashboards* em 2009. Desde então, ela realizou U$ 2,4 milhões em receitas e cortes de custos anualizados, abreviou os tempos de aprovisionamento de clientes e reduziu as evasões (*churn*) de clientes em 30%.

Vamos analisar agora as características fundamentais dos DWs.

- **Tema**

    Os dados são organizados por temas, como vendas, produtos ou clientes, contendo apenas informações relevantes para o suporte à tomada de decisões. Com esse tipo de organização, os usuários podem determinar não somente o desempenho de seus negócios, mas também o porquê disso. A diferença entre um DW e um banco de dados operacional é que este último é orientado por produto e sintonizado para lidar com transações que atualizam o banco de dados. Já a orientação por tema proporciona uma visão mais abrangente da organização.

- **Integração**

    A integração está relacionada com a orientação por temas. DWs devem dar um formato consistente aos dados vindos de fontes diferentes. Para isso, eles têm de lidar com conflitos entre padrões de nomeação e diferenças entre unidades de medida. A ideia é que um DW seja totalmente integrado.

- **Tempo**

   Um DW mantém dados históricos. Os dados não necessariamente dizem respeito ao estado atual, com exceção dos sistemas em tempo real. Eles detectam tendências, desvios e relações a longo prazo, a fim de estabelecer previsões e comparações, certificando-se de que as decisões sejam fundamentadas por informações. Todo e qualquer DW possui uma qualidade temporal. Dados a serem analisados vindos de múltiplas fontes contêm diversos pontos temporais, visões diárias, semanais, mensais, entre outros aspectos.

- **Não volatilidade**

   Depois que os dados são inseridos em um DW, os usuários não podem mais alterá-los ou atualizá-los. Dados obsoletos são descartados, e alterações são registradas como dados novos (Sharda; Delen; Turban, 2019).

2.3 Metadados

Metadados são dados a respeito de dados. Os metadados descrevem a estrutura e alguns significados dos dados, contribuindo para seu uso efetivo. Poucas organizações compreendem de fato os metadados, muito menos sabem como projetar e implementar uma estratégia para utilizá-los. Em termos de uso, eles costumam ser definidos como **técnicos** ou **de negócios**. Seus padrões também são outra forma de distingui-los.

De acordo com a abordagem por padrões, dividem-se entre **sintáticos** (dados que descrevem a sintaxe de outros), **estruturais** (dados que descrevem a estrutura de dados) e **semânticos** (dados que apontam o significado de dados em domínios específicos) (Sharda; Delen; Turban, 2019).

Já temos uma ideia do que são os metadados, mas para que servem? Como são aplicados em um DW? Os metadados resumem as informações básicas sobre os dados, facilitando a localização e a padronização em um banco de dados. Ademais, podem ser criados manualmente, para serem mais precisos, ou automaticamente, bem como conter informações mais básicas.

Em síntese, os metadados são importantes e muito utilizados nos DWs. Se lançarmos mão de uma analogia, podemos pensar em metadados como referências dos dados. Pense na última vez em que você pesquisou algo no Google. Essa pesquisa começou com os metadados que você tinha em mente sobre algo que queria encontrar. Você pode ter começado sua pesquisa com uma palavra, uma frase, o nome de um lugar, parte de uma letra de música ou outra referência. As possibilidades de descrever coisas parecem, então, infinitas. Certamente, o esquema de metadados pode ser simples ou complexo, mas todos eles têm algumas coisas em comum.

Os metadados podem ser criados manualmente ou por processamento automatizado de informações. A criação manual tende a ser mais precisa, permitindo ao usuário inserir qualquer informação que considere relevante ou necessária para ajudar a descrever o arquivo. A criação automatizada, por sua vez, pode ser muito mais elementar, geralmente exibindo apenas informações como tamanho, autor, data de criação e extensão do arquivo.

Perguntas & respostas

Como se empregam metadados em situações práticas?
Para responder a essa pergunta, é preciso analisar alguns exemplos.

- **Arquivos como fotos** – Cada vez que você tira uma foto com as câmeras atuais, um monte de metadados é reunido e salvo com ela. Por exemplo:
  - data e hora;
  - nome do arquivo;
  - configurações da câmera;
  - geolocalização.

- *E-mail* – Cada e-*mail* que você envia ou recebe tem vários campos de metadados, muitos dos quais estão ocultos no cabeçalho da mensagem, aparecendo invisíveis para você. Esses metadados incluem:
  - sujeito;
  - a partir de;
  - para;
  - data e hora de envio;
  - envio e recebimento de nomes de servidores e IPs;
  - formato (texto simples de HTLM);
  - detalhes do *software* anti-spam.

- **Texto** – Cada *software* de processamento de texto coleta alguns metadados e permite adicionar campos nos documentos. Os campos típicos são:
  - título;
  - sujeito;
  - autor;
  - companhia;
  - *status*;
  - data e hora de criação;
  - data e hora da última modificação;
  - número de páginas.

Agora ficou claro quando falamos que metadados são dados sobre dados, não é mesmo? Também é possível entender sua importância na estrutura de DW. Os metadados são aplicados nas ferramentas de pesquisa e classificação de dados.

2.4 Arquitetura de DW

Podem-se empregar diferentes arquiteturas básicas de sistemas informatizados para armazenamento de dados. Essas estruturas costumam ser chamadas de *cliente/servidor* ou *n-camadas* (*tiers*), sendo as arquiteturas de duas e de três camadas as mais comuns. Tais arquiteturas multicamadas são famosas por atenderem às necessidades de sistemas informatizados em grande escala e que exigem alto desempenho, como os DWs.

Figura 2.2 – Referência da estrutura de um DW

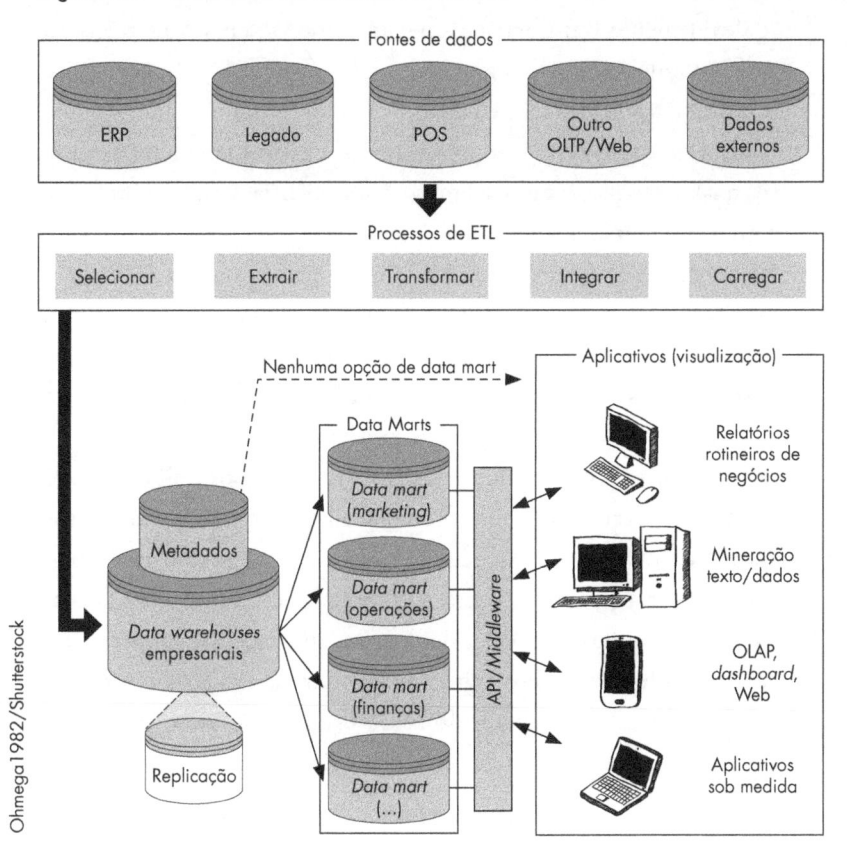

Fonte: Sharda; Delen; Turban, 2019, p. 162.

Vemos na Figura 2.2 as seguintes estruturas:

- **Fontes de dados** – Os dados encontram-se em múltiplos sistemas operacionais independentes e, possivelmente, em fornecedores externos. Eles podem provir de *on-line transaction processing* (OLTP), sistemas de planejamento de recursos empresariais (ERP), dados da *web* ou DW.

- **Extração e transformação de dados** – Os dados são extraídos e devidamente transformados por meio de *softwares* comerciais ou customizados chamados de *extract, transform, load* (ETL, em português, extração, transformação e carga).
- **Carga de dados** – Os dados são carregados em uma área temporária, na qual são transformados e limpos. Na sequência, ficam prontos para serem alimentados no DW e/ou em DMs.
- **Base de dados abrangente** – Em essência, esse é o EDW para apoiar todas as análises decisórias, fornecendo informações relevantes, resumidas e detalhadas derivadas de diferentes fontes.
- **Metadados** – Os metadados são mantidos para que possam ser acessados pelo pessoal de TI e por usuários.
- **Ferramentas de *middleware*** – Esses recursos possibilitam acesso ao DW. Usuários avançados, como analistas, podem escrever suas próprias consultas em Structured Query Language (SQL). Outros podem empregar um ambiente de consultas administrado para acessar dados. Há muitas aplicações de *front-end* que usuários empresariais podem utilizar para interagir com dados armazenados em repositórios, incluindo mineração de dados, *on-line analytical processing* (Olap), ferramentas de extração de relatórios e de visualização de dados.

Sobre as arquiteturas de n-camadas para armazenamento de dados, Hoffer, Prescott e McFadden (2007) as segmentam em três partes:

1. O DW em si, que engloba dados e *software* associados.
2. A aquisição de dados (*back-end*), que extrai dados de sistemas legados e fontes externas, assim como consolida e resume tais dados, para então alimentá-los no DW.
3. O *software* do cliente (*front-end*), que permite aos usuários acessar e analisar dados a partir do DW. Exemplo disso é a BI.

Em uma arquitetura de três camadas, sistemas operacionais compreendem os dados e o *software* para aquisição de dados numa das camadas; o servidor e o DW representam mais uma camada; e a terceira camada abarca as soluções de BI ou outros sistemas de análise de dados, o servidor de aplicativo e o cliente.

Dados provenientes do DW são processados duas vezes e depositados em um banco de dados adicional, organizado para fácil análise e apresentação, ou replicados em DMs. A vantagem da arquitetura em três camadas é que ela separa as funções do DW, o que elimina restrições de recursos e facilita a criação de DMs.

Já em uma arquitetura de duas camadas, os sistemas de apoio à tomada de decisões (DSS) são rodados fisicamente na mesma plataforma que o DW. Por isso, é mais econômica do que a estrutura em três camadas, mas pode apresentar problemas de desempenho em grandes DWs, que trabalham com aplicativos de alta exigência de dados.

Figura 2.3 – Arquitetura de DWs de 2 e de 3 camadas

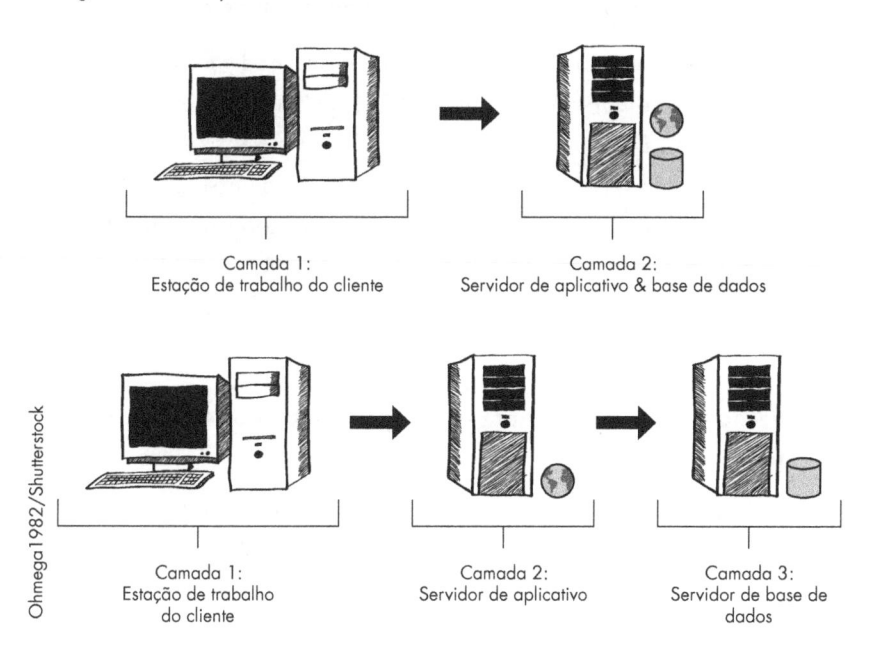

Camada 1:
Estação de trabalho do cliente

Camada 2:
Servidor de aplicativo & base de dados

Camada 1:
Estação de trabalho do cliente

Camada 2:
Servidor de aplicativo

Camada 3:
Servidor de base de dados

Fonte: Sharda; Delen; Turban, 2019, p. 163-164.

As arquiteturas *web* são estruturalmente parecidas com outras de armazenamento de dados, com a opção de se realizar esse acondicionamento com o servidor de transações ou com um ou vários servidores separadamente. A velocidade de carregamento de página é um aspecto fundamental a se considerar na projeção de aplicativos baseados na *web*. Por isso, a capacidade do servidor deve ser determinada com cuidado (Sharda; Delen; Turban, 2019).

Diversas questões devem ser levadas em consideração ao se selecionar dada arquitetura, a saber:

- **Qual DBMS deve ser usado?**

    A maioria dos DWs é construída usando-se RDBMS. Oracle (Oracle Corporation), SQL Server (Microsoft Corporation) e DB2 (IBM Corporation) são os mais usados. Todos esses produtos suportam tanto arquiteturas cliente/servidor quanto baseadas na *web*.

- **O processamento será paralelo e/ou particionado?**

    Com processamento paralelo, múltiplas unidades de processamento central (ou *central processing units* – CPU) podem ler solicitações de consulta ao DW simultaneamente, com potencial. Nesse sentido, projetistas de DW têm de decidir se as tabelas de base de dados serão particionadas ou repartidas em tabelas menores para eficiência de acesso e quais serão os critérios para isso. A Teradata adotou isso com sucesso e é frequentemente mencionada por sua implementação inovadora na área.

- **Serão usadas ferramentas de migração de dados para abastecer o DW?**

    Transferir dados de um sistema já existente para um DW é uma tarefa trabalhosa. Dependendo da diversidade e da localização dos dados, a migração pode ser um procedimento relativamente simples ou levar meses. É necessário, assim, analisar os dados existentes, a fim de identificar quais são as ferramentas mais adequadas para a migração e como o processo deverá ser conduzido. Muitas vezes, é preciso recorrer a ferramentas especializadas para periodicamente localizar, acessar, analisar, extrair, transformar e carregar os dados necessários em um armazém de dados.

2.4.1 Arquiteturas alternativas para DW

No estrato mais elevado de análise, as arquiteturas de DWs podem ser divididas em duas categorias: EDW e DM (Golfarelli; Rizzi, 2009). Nesses novos tipos de *design* arquitetural, que não são puramente EDW nem DM, e sim algo intermediário, destacam-se as arquiteturas estrela e federada. Veremos agora cinco das arquiteturas propostas por Ariyachandra e Watson (2010).

1. **DMs independentes** – Provavelmente, essa é a arquitetura alternativa mais simples e barata. Os DMs são desenvolvidos para operarem de modo independente entre si e para atender às necessidades de unidades organizacionais individuais. Devido à sua independência, eles podem apresentar definições inconsistentes de dados, além de dimensões e medidas diferentes, o que atrapalha a análise dos dados entre DMs.
2. **DMs bus** – Essa arquitetura é uma alternativa viável às DMs independentes, tendo seus *marts* individuais interligados por algum tipo de *middleware*. Como os dados encontram-se ligados entre *marts* individuais, são maiores as chances de se manter uma consistência de dados por toda a empresa. Mesmo permitindo consultas complexas de dados entre DMs, o desempenho desses tipos de análise pode não alcançar um nível satisfatório.
3. **Arquitetura estrela** – Essa provavelmente é a arquitetura de armazenamento de dados mais famosa nos dias de hoje. Sua infraestrutura é escalável, de fácil manutenção e apresenta um DW centralizado e vários DMs dependentes, cada um deles contendo uma unidade organizacional. Esse tipo de arquitetura permite fácil customização de interfaces de usuário e de relatórios.
4. **DW centralizado** – A arquitetura de DW centralizada é similar à de estrela, exceto por não contar com DMs dependentes. Ela possui um EDW de grandes proporções que supre as necessidades de todas as unidades organizacionais. Tal conceito centralizado proporciona aos usuários acesso a todos os dados no DW, em vez de limitá-los a DMs. Esse tipo de arquitetura também reduz a quantidade de dados

que a equipe técnica tem de transferir ou alterar, simplificando, portanto, o gerenciamento e a administração de dados. Quando projetada e implementada adequadamente, essa arquitetura oferece uma visão ágil e abrangente da empresa para qualquer usuário, a qualquer momento e onde quer que se encontre dentro da organização.

5. **DW federado** – A abordagem federada envolve a integração de sistemas díspares. Nessa arquitetura, estruturas de embasamento de decisões já existentes são mantidas, e os dados são acessados dessas fontes conforme necessário. A abordagem federada é suportada por fornecedores de *middleware* que propõem consultas distribuídas e capacidades de união. Essas ferramentas alicerçadas em Extensible Markup Language (XML) proporcionam aos usuários uma visão global de fontes de dados distribuídas, incluindo DW, DMs, *sites* da *web*, documentos e sistemas operacionais. Quando os usuários escolhem objetos de consulta, por meio dessa visão, e apertam o botão de encaminhar, a ferramenta consulta automaticamente as fontes distribuídas, reúne os resultados e os apresenta ao usuário. Devido aos problemas de desempenho e qualidade de dados, a maioria dos especialistas concorda que as abordagens federadas funcionam bem para suplementar DW, mas não para substituí-lo.

A imagem a seguir ilustra e sintetiza essa classificação.

Figura 2.4 – Cinco arquiteturas alternativas para DW

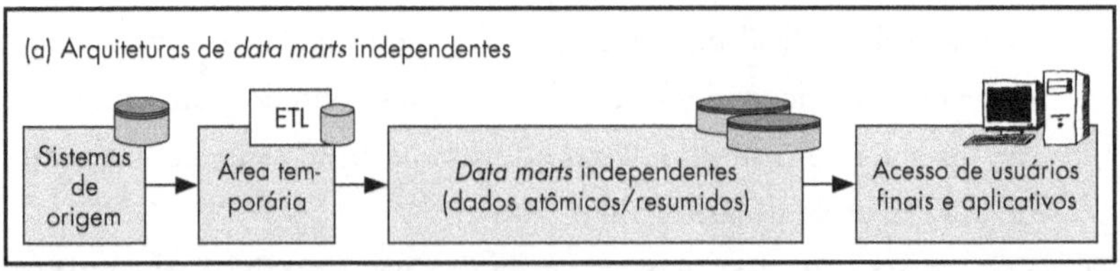

(a) Arquiteturas de *data marts* independentes

Sistemas de origem → ETL → Área temporária → Data marts independentes (dados atômicos/resumidos) → Acesso de usuários finais e aplicativos

(Continua)

(Figura 2.4 – Conclusão)

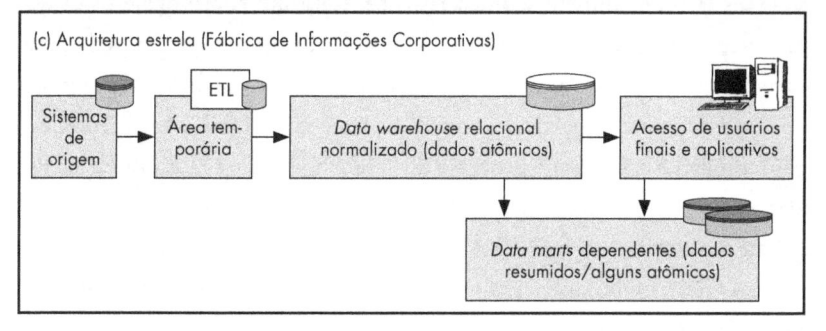

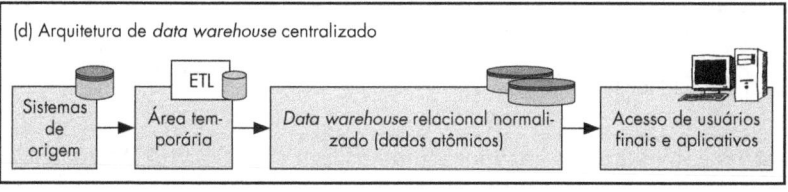

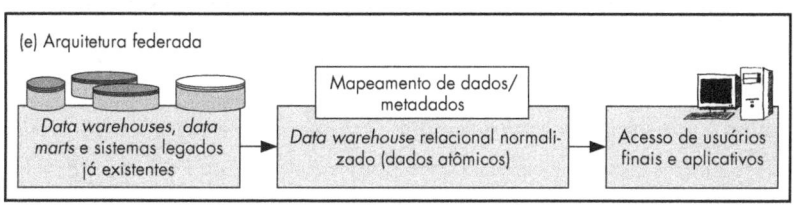

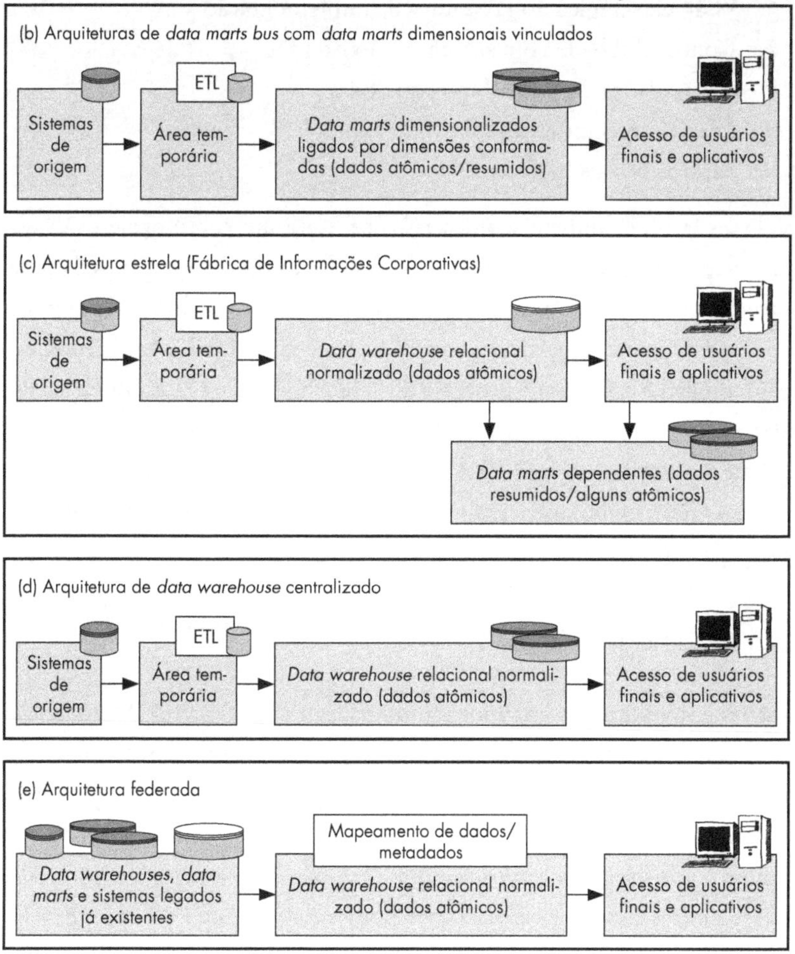

(b) Arquiteturas de *data marts bus* com *data marts* dimensionais vinculados

Sistemas de origem → Área temporária (ETL) → Data marts dimensionalizados ligados por dimensões conformadas (dados atômicos/resumidos) → Acesso de usuários finais e aplicativos

(c) Arquitetura estrela (Fábrica de Informações Corporativas)

Sistemas de origem → Área temporária (ETL) → Data warehouse relacional normalizado (dados atômicos) → Acesso de usuários finais e aplicativos
↓
Data marts dependentes (dados resumidos/alguns atômicos)

(d) Arquitetura de *data warehouse* centralizado

Sistemas de origem → Área temporária (ETL) → Data warehouse relacional normalizado (dados atômicos) → Acesso de usuários finais e aplicativos

(e) Arquitetura federada

Data warehouses, data marts e sistemas legados já existentes → Mapeamento de dados/metadados / Data warehouse relacional normalizado (dados atômicos) → Acesso de usuários finais e aplicativos

Fonte: Sharda; Delen; Turban, 2019, p. 167.

Ariyachandra e Watson (2010) identificaram dez fatores que devem ser observados na seleção de uma arquitetura:

1. Independência de informações entre unidades organizacionais.
2. Exigências informativas por parte da alta gerência.
3. Necessidade urgente de um DW.
4. Natureza das tarefas dos usuários finais.
5. Restrições de recursos.

6. Visão estratégica do DW antes da implementação.
7. Compatibilidade com sistemas já existentes.
8. Capacidades do pessoal interno de TI.
9. Questões técnicas.
10. Fatores sociais/políticos.

Esses fatores também são descritos na literatura sobre projetos de soluções de BI. Questões técnicas, de instalação de tecnologias viáveis e prontas para usar são importantes, mas não podemos deixar de lado aspectos comportamentais, como atender às necessidades da alta gerência ou contemplar os usuários no processo de desenvolvimento. As arquiteturas de armazenamento de dados têm aplicações específicas para as quais são mais ou menos eficientes. Esse alinhamento fino das soluções implementadas deve ser feito com o usuário final, gerando assim o máximo de benefícios para a organização.

2.5 Modelagem de DW

Vamos entender como funciona a modelagem de DW ou DM que cumpra os requisitos solicitados pelos usuários recorrendo à **modelagem dimensional ou multidimensional**. Esse tipo de modelagem segue a abordagem de Ralph Kimball e, embora seja o mais conhecido, não é o único, como esclareceremos na Seção 2.6.

Quando as técnicas de modelagem dimensional de um DW são aplicadas corretamente, elas garantem que a estrutura dele apoiará as análises dos gestores da empresa, atendendo a seus requisitos de negócio. Cumprir esse objetivo é muito importante em uma modelagem de DW. Para isso, é fundamental entender a visão do modelo de negócios do usuário final e fazer com que ela se reflita na base de informações.

O DW é construído para suprir demandas que não estão limitadas às transações ou aos sistemas individuais, apresentando uma perspectiva integrada e completa dos negócios. Uma das técnicas empregadas para construir um modelo de DW que retorne informações importantes para a empresa ou negócio é a modelagem dimensional ou multidimensional.

Quando bem definido, o **modelo dimensional** torna-se uma ferramenta de valor incalculável para as áreas do negócio, apoiando e otimizando todo o processo de tomada de decisões. O modelo dimensional representa:

- indicadores relevantes para uma área de negócios, chamados de *fatos* ou *métricas*;
- parâmetros, por meio dos quais as métricas são analisadas pelos usuários, chamados de *dimensões*.

Porém, os modelos dimensionais nem sempre são implementados em bases de dados relacionais. Existem no mercado bancos de dados multidimensionais que armazenam informações em formato diferente, normalmente denominado *cubos*.

O que é

No modelo relacional, as estruturas de dados (tabelas, exibições, índices, entre outras) são separadas das estruturas de armazenamento físico. Essa separação permite que os administradores de bancos de dados gerenciem o armazenamento de dados físicos sem afetar o acesso a eles. Por exemplo, a renomeação de um arquivo de banco de dados não redesigna as tabelas armazenadas nele.

Para garantir que os dados sejam sempre precisos e acessíveis, os bancos de dados relacionais seguem regras de integridade predeterminadas. Por exemplo, pode-se especificar que linhas duplicadas não são permitidas em uma tabela, eliminando-se, assim, possíveis informações erradas ou repetidas.

Em virtude da natureza de um banco de dados multidimensional, não é possível manipular volumes de dados extremamente grandes, já que uma transação de análise de dados utilizando uma ferramenta Olap consome bastante memória ou ocasiona erros. Além disso, o número de atributos dimensionais armazenados em um cubo pode impactar o tempo de processamento dos dados.

O processo de modelagem dimensional apresenta etapas com o objetivo de listar as necessidades de análise e de informações dos usuários finais de determinada área de negócios. Vamos analisar esses passos para compreender melhor como funciona a modelagem de um DW.

Passo 1 – Definindo os fatos ou as métricas

Nessa etapa, determina-se o que será verificado no DW/DM: os fatos e as métricas, ou seja, os números que serão medidos e analisados entre as diferentes dimensões. A seleção dos fatos do modelo do DW é relativamente simples. Definida a área de negócios na qual o sistema irá atuar, os fatos devem responder à questão do usuário: O que está sendo avaliado?

Tomemos um modelo da área comercial como exemplo. Nosso usuário pode ser um gerente comercial de uma rede de lojas que visa avaliar a quantidade de itens vendidos, o custo de cada um deles, o valor de venda e o lucro obtido. Esses valores devem ser exportados dos sistemas transacionais, nos quais são armazenadas essas métricas. Sendo assim, é necessário cuidado na definição dos processos de extração, transformação e carga (ETL) desses valores, dos sistemas transacionais para o DW.

No exemplo anterior, imaginemos que o gestor deseje analisar, além das métricas realizadas, os valores planejados. Provavelmente, esses valores devem ser trazidos de um sistema de planejamento e orçamento, sendo um comparativo do planejado sobre o realizado.

Algumas métricas são calculadas durante o processo de ETL e são armazenadas no DW já resolvidas ou calculadas diretamente, durante o tempo de consulta, pelas ferramentas Olap. Nessa etapa da modelagem, todas as métricas, calculadas ou provenientes da base transacional, são tratadas da mesma forma.

Entre as métricas/fatos que esse usuário deve avaliar estão:

- valor da venda realizado;
- valor da venda previsto;
- quantidade de itens realizada;
- quantidade de itens prevista;
- preço médio de venda;

- custo médio;
- margem de venda;
- porcentagem de variação entre o realizado e o planejado.

Passo 2 – Determinando as dimensões de negócios

Definidas as métricas armazenadas no DW/DM, devem-se determinar suas dimensões. Nessa etapa, pergunta-se ao usuário: Como as métricas serão analisadas? Sob quais dimensões de negócio os fatos serão avaliados? Por exemplo, cada uma das métricas precisa ser examinada ao longo do tempo. Isso significa analisar a quantidade de itens vendidos por mês ou, até mesmo, por dia. Desse modo, podem-se comparar períodos de vendas verificando-se, por exemplo, a quantidade de itens vendidos no último mês em comparação com a do mesmo período no ano anterior.

Por meio de sugestões e exemplos, explica-se ao usuário o que se quer identificar, ao passo que ele informa suas necessidades de análise de informações.

Nessa situação, as dimensões de negócio a serem implementadas em função das demandas do usuário são:

- **Tempo** – Períodos de tempo para a análise.
- **Produto** – Produtos relacionados com as métricas.
- **Geografia** – Região geográfica onde se encontram as lojas que efetuam as vendas.

Agora é necessário verificar se cada métrica se relaciona com todas as dimensões definidas, pois cada conjunto de métricas deve ser analisado por meio do mesmo conjunto de dimensões. Podemos, então, perguntar se cada métrica pode ser analisada ao longo de cada dimensão, por exemplo: Faz sentido analisar o valor das vendas por produto? E por loja? E ao longo do tempo?

Passo 3 – Estabelecendo a granularidade das informações em cada dimensão

Delineadas as dimensões de negócio, é preciso saber qual o nível de detalhe (ou granularidade) de maior precisão que será avaliado. No caso em questão, podemos começar pela dimensão *tempo*, questionando ao usuário: Qual o nível de detalhe desejado? Faz sentido avaliar a métrica "quantidade vendida por dia"? Assim, para cada uma das métricas, vamos identificar qual o nível mais preciso que será armazenado no DW. Se, para a dimensão tempo, o nível mais preciso for dia, então todas as métricas deverão ser obtidas com valores por dia.

Nesse exemplo, consideremos o nível de granularidade mais baixo como sendo:

- **Dia**: para a dimensão *tempo*.
- **Item de produto**: para a dimensão *produto*.
- **Loja**: para a dimensão *geografia*.

Nessas condições, os processos de ETL que trazem as informações dos sistemas transacionais para o DW devem fazê-lo no nível de maior precisão de granularidade atribuído para cada uma das dimensões. Assim, para a métrica "Valor da venda", devemos indicar o preço praticado para cada item de produto em cada dia e loja.

Passo 4 – Estabelecendo a hierarquia de agrupamento de informações

Com frequência, o usuário assim analisa grupos de informações: Qual o total de lapiseiras vendidas nas lojas do Estado do Paraná no último trimestre? Essa pergunta mostra que é preciso pensar no agrupamento das informações armazenadas no DW (Golfarelli; Rizzi, 2009). Para isso, é necessário definir as possibilidades de agrupamento das informações que o usuário deseja, especificando a hierarquia desses agrupamentos em cada uma das dimensões de negócio. Uma hierarquia que parece ser mais relevante no exemplo analisado é a dimensão *tempo*. Meses normalmente são agrupados em bimestres, trimestres, semestres ou anos. Apesar de ser natural, é importante entender do que o usuário precisa.

No exemplo, vamos considerar as seguintes hierarquias em relação às dimensões:

- Dimensão *tempo*: dia – mês – semestre – ano.
- Dimensão *produto*: item de produto – linha de produto – categoria.
- Dimensão *geografia*: loja – cidade – estado – região.

As informações de uma dimensão podem compor uma hierarquia ou ser apenas descritivas. Em nosso exemplo, a dimensão *produto* apresenta uma hierarquia composta pelos atributos item, linha e categoria, evidenciando que os itens de produto estão agrupados em linhas de produto, as quais estão agrupadas em categorias de produto. Isso se torna bastante útil durante a análise de informações pelo usuário.

Também, podem-se incluir outros atributos descritivos que não façam parte da hierarquia; por exemplo, o tipo de empacotamento em caixas com 12 unidades, peso e outros itens relevantes. Ralph Kimball sugere que as tabelas de dimensões tenham o maior número possível de atributos textuais para agregar valor ao modelo de dados e, por consequência, às oportunidades de análise de informações. Podem existir várias hierarquias diferentes na mesma dimensão. Nesse caso, contudo, nomes de atributos e seus valores devem ser exclusivos para cada uma delas.

Para saber mais

O nível de detalhes, hierarquias e atributos vai depender sempre da necessidade do usuário final. Por isso, o planejamento e o alinhamento de expectativas é essencial no processo de modelagem de um DW.

2.6 Implantação de DW

A implantação de uma solução de armazenamento de dados é um projeto complexo para qualquer empresa ou organização. Não se trata apenas de uma seleção de *mainframe* e implementação de sistema, pois ela contempla e influencia diversos departamentos e muitas interfaces de entrada e saída.

Um DW gera inúmeros benefícios, que podem ser classificados como diretos e indiretos. Podemos citar como benefícios:

- Realização, por parte de usuários finais, de análises com grandes quantidades de dados de forma rápida e clara.
- Visão consolidada dos dados corporativos.
- Obtenção de mais dados com maior agilidade possível. Um DW permite que o processamento de informações não seja um fardo para sistemas operacionais caros, e sim de servidores de baixo custo. Em razão dessa característica, pode haver um número alto de solicitações de informações por parte de usuários finais, processadas mais rapidamente.
- Liberação de parte do processamento de produção. Isso porque algumas exigências sobre o sistema operacional são repassadas para DSS, proporcionando um melhor desempenho ao sistema.
- Acesso aos dados simplificado e prático (Ariyachandra; Watson, 2010).

Já os benefícios indiretos são os resultados dos usuários finais utilizando os benefícios diretos. No contexto geral, esses benefícios aumentam o conhecimento sobre a empresa, criam uma vantagem competitiva, aprimoram o atendimento aos clientes e sua satisfação, facilitam a tomada de decisões e ajudam a refinar processos de negócios (Parzinger; Frolick, 2001).

Considerando-se os benefícios potenciais que um DW pode proporcionar e os investimentos de tempo e dinheiro que tais projetos exigem, é crucial que uma organização estruture seu projeto de DW de modo a aumentar suas chances de sucesso. Além disso, é claro, a organização deve levar os custos em consideração.

Os principais aspectos para o sucesso de implantação de um projeto de DW englobam reconhecimento do objetivo que a empresa ou organização busca, apoio dos usuários finais da alta gestão, cronogramas bem-definidos, orçamentos coerentes com a realidade da empresa e gestão de expectativas.

Uma estratégia para o armazenamento de dados representa uma planta estrutural para a introdução bem-sucedida do DW. É preciso levar em consideração, nesse contexto, a visão, a estrutura e a cultura da organização. Uma vez que o plano e o suporte para um DW estejam estabelecidos, a empresa ou organização deve examinar os fornecedores de DW. Muitos fornecedores oferecem demos de *software* de seus produtos de armazenamento de dados e BI, fato que ajuda a alinhar as expectativas e entender como a solução final irá funcionar (Sharda; Delen; Turban, 2019).

Muitas organizações têm de criar os DWs usados para o apoio às decisões. Duas abordagens rivais são empregadas nesse cenário. A primeira abordagem é defendida por Bill Inmon: o desenvolvimento da solução de cima para baixo, que adapta ferramentas tradicionais às demandas de um DW para a empresa como um todo. Ela é conhecida como **abordagem EDW**.

A segunda abordagem é de Ralph Kimball, que propõe um desenvolvimento da solução de baixo para cima, também conhecida como **abordagem DM**. Identificar as semelhanças e as diferenças desses modelos contribui para a compreensão dos conceitos básicos de DW.

Vamos analisar, de forma mais detalhada, ambas as abordagens.

- **Modelo de Inmon** – Defende o desenvolvimento de cima para baixo, empregando metodologias e ferramentas consolidadas durante o processo, como diagramas de relacionamento de entidades (*entity-relationship diagrams* – ERD) e ajustes da abordagem espiral. A abordagem EDW não impede a criação de DMs. O EDW é o ideal nesse modelo porque delineia uma visão consistente e abrangente da empresa.

- **Modelo de Kimball** – Representa uma perspectiva "planeje grande, construa pequeno". Um DM é um DW orientado por temas ou departamentos. Trata-se de uma versão enxuta de um DW, voltada para solicitações de departamentos específicos, como de marketing ou vendas. Essa proposta aplica modelagem dimensional de dados que começa pelas tabelas. Kimball defende uma metodologia de desenvolvimento de baixo para cima, o que, no caso de DW, significa construir um DM por vez (Sharda; Delen; Turban, 2019).

Não existe uma abordagem ideal para todos os tipos de armazenamento de dados. A estratégia de armazenamento de dados de uma empresa pode evoluir de um simples DM até um DW complexo. Tudo vai depender da necessidade dos usuários, das exigências de negócios e do grau de maturidade da empresa em gerir seus recursos de dados.

Estudo de caso

A empresa examinada neste estudo de caso é uma varejista holandesa de capital privado que detém 2.800 lojas espalhadas por diversos países europeus. Essa varejista possui 15 marcas diferentes que incluem produtos que vão desde brinquedos a utensílios culinários, com cada marca contando com sua própria infraestrutura. Cada entidade comercial é administrada independentemente como uma dentre 15 empresas individuais no modo como desenvolvem seus processos, mantêm seus sistemas legados e tomam decisões de negócios em finanças, TI, cadeia de suprimento e operações em geral.

Contexto

Para satisfazer às necessidades de um ambiente competitivo em constante evolução é preciso obter uma visão global dos negócios, o que é um desafio para essa grande varejista com 15 marcas independentes para gerir. Para obter um panorama melhor, elevar a eficiência comercial e reduzir custos, a varejista decidiu desenvolver uma estratégia corporativa para gerir dados em um sistema centralizado usando um único departamento de TI. Centralizar dados implica que todas as marcas serão administradas a partir de uma mesma *data warehouse* e implementadas uma a uma, levando em consideração processos e necessidades de negócios individuais. Um grande desafio para essa varejista é que diversos sistemas têm de ser integrados, incluindo seus (15) ERPs SAP, sistemas de gestão de armazém, sistemas de ponto de vendas e dados-mestre de materiais.

Visando manter agilidade empresarial para análise de vendas e margens de lucro, a meta da varejista era oferecer acesso ao nível transacional de dados provenientes de aproximadamente 50 tabelas SAP em cada sistema de ERP. A transição para uma abordagem centralizada era especialmente dificultada pela complexidade e as nuances entre as 15 instâncias de ERP. O trabalho foi estimado em 400 dias de esforço por sistema de origem para levar esses dados para seu *data warehouse* central. Consequentemente, a varejista precisava de uma maneira de justificar seus gastos, desenvolver uma forma de agilizar esse processo.

[...]

Desafios

A combinação de um projeto de consolidação integral de ERP entre diversos sistemas legados cria um programa com muitas complexidades. Embora o Teradata Analytics for SAP Solutions tenha proporcionado automação para a parte de gerenciamento de dados relacionada com a SAP, a varejista ainda encontrou desafios técnicos pelo fato de sua iniciativa de armazenamento de dados estar combinada com um projeto mais amplo de integração. Sua abordagem foi padronizar as ferramentas e desenvolver um quadro referencial com as primeiras marcas a ser aplicado na implantação incremental no restante da organização. Em primeiro lugar, a varejista precisou padronizar uma ferramenta de ETL e desenvolver uma nova metodologia e maneira de alavancar o processo de ETL. Ela utilizou a ferramenta de ETL para extrair, transformar e carregar a fim de manter a integridade dos dados transacionais granulares. A empresa acabou escolhendo a Informtica® como o padrão de ETL e seu ambiente de ETL ao utilizar a ferramenta meramente como uma transportadora de dados e uma agendadora de tarefas.

Em segundo lugar, além de armazenar os dados transacionais atômicos, a varejista conseguiu aproveitar a plataforma da Teradata para conduzir todas as suas transformações empresariais na própria base de dados ao transferir dados para o ambiente de geração de relatórios. Com essa abordagem, ela foi capaz de manter uma cópia das transações granulares, de tirar proveito das integrações prontas para usar no Analytics for SAP Solutions e adicionar contexto aos dados da SAP e de alavancar o poder da base de dados para aplicar outras transformações e análises de dados.

Em terceiro lugar, a qualidade dos dados era um imperativo para a varejista. Ela queria assegurar que os dados pudessem ser acessados e geridos de um modo consistente. As quantidades de materiais destacam a importância da governança de dados para essa varejista. As quantidades de materiais são estruturadas entre múltiplos sistemas, e até então vinham sendo reconciliadas durante o processo de carga/modelagem. Nessa nova arquitetura, tal desafio foi facilmente superado pela criação de panoramas singulares de material no *data warehouse* a fim de harmonizar as quantidades de materiais para geração de relatórios.

Por fim, a varejista precisava de uma maneira ágil de disponibilizar dados e sua análise para relatórios e acesso analítico *ad hoc*, o que também podia satisfazer as exigências diversas das marcas. Ao aproveitar parcerias da Teradata com fornecedores de soluções, como a MicroStrategy®, a varejista conseguiu acessar os dados granulares situados no *data warehouse* e ao mesmo tempo usar as ferramentas de BI para aplicar os algoritmos relevantes e explorar a flexibilidade projetada na solução de *data warehouse*.

Considerando o exposto, recomendamos os seguintes procedimentos:

- Faça a devida diligência e fique a par das tecnologias/soluções existentes para suportar implementações. Para tanto, recomendamos a leitura adiante. No caso em análise, a varejista foi capaz de aproveitar o Teradata Analytics for SAP Solutions, reduzindo o *time to value* e promovendo seu foco em análise de dados, e não em integração.

EMA – Enterprise Management Associates. **800 Percent**: Use of Teradata Analytics for SAP Solutions Accelerates Big Data Delivery. July 2015. Disponível em: <https://assets.teradata.com/resource Center/downloads/CaseStudies/EB8559_TAS_Case_Study.pdf?processed=1>. Acesso em: 26 abr. 2021.

- Identifique requisitos de latência para assegurar que as soluções – tanto o DW quanto a abordagem de integração – atendam às necessidades. Veja o texto a seguir. No exemplo, isso significou garantir que o Teradata SAP Solution também suportasse determinadas demandas operacionais.

RADEN, N. **Teradata Analytics for SAP Solutions**: a Better Way to Build a Data Warehouse with Data Extracted from SAP Solutions. 2014. Disponível em: <https://assets.teradata.com/resourceCenter/downloads/WhitePapers/Teradata_Analytics_for_SAP_Solutions_A_Better_Way_to_Build_A_DW_EB6949.pdf>. Acesso em: 26 abr. 2021.

- Desenvolva uma abordagem-padrão de governança de dados para garantir a integridade destes e do processo de implementação, de modo que unidades e usuários técnicos saibam como aplicá-los em relatórios e análises. Sobre isso, sugerimos conferir também:

SAP. **Relatórios de análise de gastos**. Disponível em: <https://help.sap.com/viewer/099442eb4aeb4ede833b67a413ddaa0d/cloud/pt-BR>. Acesso em: 26 abr. 2021.

Síntese

Neste capítulo, vimos que:

- Os dados de um DW são não voláteis e organizados por tipo/tema. Eles apoiam os processos decisórios de equipes administrativas.
- Os DMs são subconjuntos de um DW, concentrando-se em um assunto ou área, como vender ou projetar informações de engenharia. Por sua vez, DWs combinam bases de dados da empresa toda, incluindo os DM.
- EDW consiste em um DW de grande escala, que é utilizado por toda empresa com o propósito de auxiliar, com informações, as tomadas de decisão. Esse formato de armazenamento, devido ao fato de os dados serem padronizados e oriundos de fontes diversas, é bastante utilizado nas soluções de BI.
- Metadados são dados a respeito de dados. Eles descrevem a estrutura e alguns significados dos dados, contribuindo para seu uso efetivo.
- As arquiteturas chamadas de *n-camadas* (as de 2 a 3 camadas são as mais utilizadas), ou cliente/servidor, são bastante conhecidas por atenderem às exigências de soluções informatizadas de grande escala, que requerem alto desempenho, como os DWs.
- Quando as técnicas de modelagem dimensional de um DW são utilizadas correta e eficientemente, elas garantem que a estrutura do DW apoiará e administrará informações para embasar as análises dos gestores da empresa, cumprindo seus requisitos de negócio.

- A implantação de uma solução de armazenamento de dados é um projeto complexo para qualquer empresa ou organização. Não se trata apenas de uma seleção de *mainframe* e implementação de sistema, pois ela contempla e influencia diversos departamentos e muitas interfaces de entrada e saída.
- DMs independentes são desenvolvidos para operar de forma autônoma em necessidades pontuais. Por serem independentes, podem apresentar inconsistência de dados entre si.
- A arquitetura DM *bus* possui DMs individuais ligados por soluções de *middleware*.
- A arquitetura estrela é, provavelmente, a mais famosa atualmente. Ela apresenta uma configuração escalável e de fácil manutenção, assim como um DW central e vários DMs.
- O DW centralizado é similar ao DW estrela. Porém, em vez de DMs independentes, tem um EDW de grandes proporções.
- O DW federado é suportado por fornecedores de *middleware* que propõem consultas distribuídas e capacidades de união. Essas ferramentas baseadas em XML oferecem aos usuários uma visão global de fontes de dados distribuídas, incluindo DW, DMs, *sites* da *web*, documentos e sistemas operacionais.

Questões para revisão

1. Leia o trecho a seguir.

    "Está intimamente relacionada com a orientação temática. *Data warehouses* devem dar um formato consistente a dados vindos de fontes diferentes. Para isso, eles têm de lidar com conflitos entre padrões de nomeação e discrepâncias entre unidades de medida" (Sharda; Delen; Turban, 2019, p. 157).

Agora, assinale a alternativa que indica a que característica de DW ele se refere:

a. Orientação por tema.
b. Volatilidade.
c. Integração.
d. Variabilidade temporal.
e. Não volatilidade.

2. Considerando os conhecimentos sobre DW adquiridos no capítulo, examine o seguinte trecho:

Essa provavelmente é a arquitetura de armazenamento de dados mais famosa nos dias de hoje, cuja infraestrutura é escalável e de fácil manutenção.

Agora, assinale a alternativa que apresenta a arquitetura de DW de que trata o trecho anterior:

a. DMs independentes.
b. Arquitetura DM *ultra fast*.
c. DW centralizado.
d. DW federado.
e. Arquitetura estrela.

3. Assinale a alternativa que não corresponde a um benefício de um DW:

a. Realização, por parte de usuários finais, de análises com grandes quantidades de dados de forma rápida e clara.
b. Visão consolidada e abrangente dos dados corporativos.
c. Obtenção de mais dados com maior agilidade possível.
d. Melhor desempenho do sistema em razão da utilização de parte do processamento de produção, já que existem exigências do sistema operacional para o DSS.
e. Acesso aos dados simplificado e prático.

Data mining ou mineração de dados

Conteúdos do capítulo

- Conceito e origem do *data mining*.
- Importância da mineração de dados.
- *Softwares* para a mineração de dados.
- *Data mining* na indústria 4.0.
- Aplicação de *data mining* em ambientes de negócio.

Após o estudo deste capítulo, você será capaz de:

1. definir *data mining* e explicar sua relevância;
2. descrever o funcionamento do *data mining* na indústria 4.0;
3. aplicar *data mining* em um ambiente de negócios;
4. indicar os *softwares* usados para *data mining*.

capítulo 3

Com o aumento exponencial dos conjuntos de dados, em tamanho e complexidade, a análise de dados direta e manual cedeu espaço para ferramentas indiretas e automáticas de processamento, que empregam metodologias, métodos e algoritmos sofisticados.

A manifestação de tal evolução nos meios automatizados e semiautomatizados de processamento de vastos conjuntos de dados é, hoje, comumente referida como *mineração de dados*. A mineração de dados, uma tecnologia recente, já se difundiu amplamente nas organizações. Em razão da evolução dos *softwares* analíticos como soluções de *business intelligence* (BI), as empresas começaram a investir bastante nessa área dos sistemas de informática (Primak, 2018).

Toda organização produz muitos dados, os quais ficam armazenados, muitas vezes, sem utilidade. A mineração de dados veio para demonstrar como esses recursos podem ser empregados. Os benefícios trazidos pela análise de dados já se fazem presentes no mundo dos negócios.

3.1 Origem da *data mining*

A princípio, o *data mining* está envolvido com grandes conjuntos de dados, neles localizando subconjuntos úteis para as soluções de análise de dados, o que concerne a elementos como BI, *Enterprise Resource Planning* (ERP) e *Business Process Management* (BPM). Ademais, é responsável pelo reconhecimento de padrões ocultos nesses imensos conjuntos. Assim, volta-se às tarefas realizadas com *machine learning*, embora isso não seja o objetivo principal do *data mining*.

O que é

Data mining é um processo analítico no qual considerável quantidade de dados é processada com o objetivo de encontrar padrões relevantes ou relações sistemáticas entre variáveis. As soluções de *data mining* verificam, segundo premissas do negócio, dados em busca de oportunidades ou problemas. Tendo esse conhecimento em mãos, cabe ao usuário utilizá-lo para produzir vantagens competitivas ou informações com valor agregado.

O *data mining* recorre a algoritmos matemáticos de alta complexidade para segmentar dados e avaliar a probabilidade de eventos futuros, encontrando respostas para perguntas que não poderiam ser respondidas por relatórios ou técnicas de pesquisa. Essa solução de processamento de dados caracteriza-se pela descoberta automática de padrões, pela predição de resultados, bem como pela criação de informações com valor agregado.

Então, começa-se tudo com dados brutos, basicamente inúteis. A mineração ajuda a convertê-los em informações com valor agregado. Uma parte dela seleciona os dados a serem manipulados. O armazenamento desses elementos é seu alicerce fundamental (Hurley, 2020).

Em uma entrevista para a revista *Computerworld* em maio de 1999, Arno Penzias (vencedor do prêmio Nobel e ex-cientista-chefe dos Laboratórios Bell) caracterizou a mineração de dados em bancos institucionais como uma aplicação-chave para corporações no futuro próximo (Scheier, 1999). Isso em resposta à tradicional pergunta postulada pelo periódico: "Quais serão as aplicações decisivas na corporação?". Em seguida, acrescentou que esse processo conquistaria enorme reconhecimento e relevância no mundo dos negócios, com as empresas passando a aproveitar todos os dados sobre seus clientes. Além disso, comentou que aquelas que não usufruíssem dos dados desapareceriam do mercado.

O custo de armazenamento e processamento de dados despencou recentemente e, como resultado, a quantidade de dados armazenados em bancos de dados cresceu exponencialmente. Com a criação de grandes bancos de dados, a possibilidade de analisar esses elementos acabou surgindo.

O crescimento do volume de dados gerados e a complexidade de seus conjuntos suscitaram a evolução do *data mining*: da entrega de dados estáticos à disponibilização de informações mais dinâmicas, de fitas e discos a algoritmos avançados e bancos de dados imensos.

No final dos anos 1980, o termo *data mining* começou a ser conhecido e usado na comunidade de pesquisa por estatísticos, analistas de dados e comunidades de sistemas e gerenciamento de informações. No início da década seguinte, a mineração de dados foi reconhecida como um subprocesso ou uma etapa dentro de um processo maior chamado *knowledge discovery in databases* (KDD) (Fayyad et al., 1996).

Os subprocessos que fazem parte de KDD são:

- Compreensão da aplicação e identificação do objetivo de KDD.
- Criação de um conjunto de dados de destino.
- Limpeza e pré-processamento de dados.
- Combinação dos objetivos do processo KDD (etapa 1) com um método de mineração de dados específico.
- Análise de pesquisa e seleção de hipóteses.
- Mineração de dados: pesquisa de padrões de interesse em um formulário específico, incluindo regras de classificação, regressão e agrupamento.
- Interpretação de padrões minados.
- Atuação na análise descoberta.

A popularidade da mineração de dados cresceu notavelmente na década de 1990, com a ajuda de conferências dedicadas a esse tema, além do rápido aumento da tecnologia, da capacidade de armazenamento de dados e da velocidade de processamento de computadores. Também foi possível para as organizações manter os dados em formato legível por computador, e o processamento de grandes volumes de dados em máquinas de mesa não estava longe da realidade.

No final desse período, após a introdução dos cartões de fidelidade do cliente, a mineração de dados já era uma técnica bastante popular entre as organizações, permitindo-lhes registrar as compras e os dados dos clientes, e os dados resultantes poderiam ser extraídos para identificar os padrões de compra desses sujeitos.

O foco principal da mineração eram os dados tabulares; no entanto, com a tecnologia em evolução e a emergência de diferentes necessidades, novas fontes foram formadas para serem mineradas, por exemplo:

- **Mineração de texto** – Ainda uma atividade popular de mineração de dados, ela categoriza ou agrupa grandes coleções de documentos, como artigos de notícias ou páginas da *web*. Outra aplicação é a mineração de opinião, em que as técnicas são aplicadas para obter informações úteis dos dados do estilo do questionário.
- **Mineração de imagens** – Na mineração de imagens, as técnicas de mineração são aplicadas às imagens 2D e 3D.
- **Mineração de gráficos** – É produto da mineração de padrões frequentes, que se concentra em subgráficos de ocorrência recorrente. Uma extensão popular da mineração de gráficos é a mineração de rede social.

A mineração de dados propagou-se nas últimas duas décadas, convertendo-se em uma disciplina própria. Os aplicativos de mineração de dados são usados em todos os campos de negócios, no governo e na ciência, apenas para citar alguns. Começando com a mineração de texto, ela evoluiu muito e será vital observar o uso de diferentes dados (por exemplo, dados espaciais, diferentes fontes de dados multimídia) no futuro (Hurley, 2020).

Originalmente, o termo *mineração de dados* designava o processo por meio do qual padrões, até então desconhecidos, eram descobertos. Essa definição acabou sendo ampliada por fornecedores de *software*, passando a incluir a maior parte das formas de análise de dados, visto que aumentaria as vendas devido à popularidade do rótulo *mineração de dados*. Embora essa nomenclatura seja relativamente nova, as ideias e os conceitos que a criaram não o são. Muitas das técnicas usadas em mineração de dados têm origem na análise estatística tradicional e nos trabalhos de inteligência artificial (IA) realizados desde o início dos anos 1980.

Essas informações evocam o seguinte questionamento: Por que a *data mining* vem, cada vez mais, ocupando quase todo o mundo dos negócios? Algumas das motivações são:

- Concorrência mais intensa em escala global motivada pelas necessidades e pelos desejos sempre dinâmicos dos clientes em um mercado cada vez mais saturado.
- Conscientização geral do valor não aproveitado em grandes fontes de dados.
- Consolidação e integração de registros de bancos de dados, o que possibilita um panorama único dos clientes, fornecedores, transações, entre outros componentes.
- Consolidação de bancos de dados e outros repositórios de dados em um único local na forma de um *data warehouse* (DW).
- Crescimento exponencial em tecnologias de processamento e armazenamento de dados.
- Redução significativa no custo de *hardware* e *software* para armazenamento e processamento de dados.
- Movimento rumo à desmassificação (conversão de recursos informacionais em formato não físico) de práticas comerciais.

Os dados gerados pela internet estão aumentando rapidamente tanto em volume quanto em complexidade. Nesse contexto, largas quantidades de dados são produzidas e acumuladas ao redor do mundo. Disciplinas como Astronomia e Física Nuclear criam quantidades imensas de dados de maneira regular. Pesquisadores, médicos e farmacêuticos, por sua vez, criam e acondicionam dados constantemente, os quais podem ser usados em aplicações de mineração para identificar melhores maneiras de diagnosticar e tratar doenças com precisão, além de descobrir drogas novas e mais eficientes.

Do lado comercial, talvez o uso mais comum da mineração de dados se dê nos setores de finanças, varejo e atendimento médico. A mineração de dados é empregada para: detectar e reduzir atividades fraudulentas, sobretudo em pagamentos de seguros e uso de cartão de crédito; identificar padrões de compras de clientes; reconquistar clientes lucrativos; reconhecer regras de transações a partir de dados históricos; e aumentar a lucratividade com análise de cesta de mercado.

A mineração de dados já é amplamente usada para melhor segmentar os clientes e, com o amplo desenvolvimento do comércio eletrônico, irá se tornar ainda mais imperativa com o tempo (Sharda; Delen; Turban, 2019). Nesse cenário, as empresas precisam ser capazes de armazenar e acessar dados em grandes quantidades, razão por que o armazenamento de dados com soluções eficazes, como *data warehouse* (DW), rápidas e precisas são primordiais. Em seguida, os dados devem passar por um processo de limpeza. Quando se têm grandes quantidades de dados, um dos problemas enfrentados é o seu corrompimento. Isso é algo muito comum quando se trata de bancos de dados relacionais, mas também pode acontecer durante a restauração de blocos de dados não estruturados.

Depois que os dados são coletados, extraídos e limpos, o processo de *data mining* os destrincha em busca de padrões necessários para reunir informações úteis. Feito isso, os dados podem ser usados de várias maneiras por uma empresa ou organização – por exemplo, na análise de vendas ou no gerenciamento de serviços ofertados aos clientes. A mineração de dados também tem sido usada para a detecção de fraude.

O *machine learning* e a *data mining* estão envolvidos no processo de conversão de dados brutos em informações com valor agregado para os negócios. O objetivo da BI é, como explicamos, apresentar os dados de maneira significativa para que os gestores possam tomar decisões baseadas neles. Em contraste, a mineração de dados é aplicada para encontrar soluções para problemas existentes. Lembre-se de que, quando falamos sobre *big data*, um dos fatores essenciais era o volume. A BI é certamente impulsionada por grandes conjuntos de dados, mas a mineração de dados é diferente nesse quesito. Dados relevantes são retirados dos dados brutos para serem usados nessa mineração. Portanto, a mineração de dados trabalha com subconjuntos menores de dados disponíveis. Essa característica separa a mineração de dados dos outros temas aqui abordados.

Em síntese, *data mining* pode ser parte de uma estratégia geral de BI. Logo, o que se busca nesse processo são soluções que possam ser aplicadas à BI. Isso contrasta com a BI, a qual geralmente é usada para apresentar dados às pessoas.

Os dados extraídos com *data mining* podem ser reportados em relatórios legíveis ou em formato visual (gráficos e tabelas). Dessa forma, ele se torna parte da BI para que as pessoas da organização possam entender, interpretar e tomar melhores decisões com base nesses dados.

Será cada vez mais importante selecionar os dados por categorias e relevância, e é aqui que a mineração de dados desempenha seu papel. A demanda por soluções de mineração de dados e BI aumentará proporcionalmente ao crescimento do volume de dados. Para que as empresas se mantenham competitivas e, especialmente, líderes de mercado, terão de recorrer a soluções de mineração de dados e BI.

3.2 Definição de *data mining*

Em uma definição simples, *data mining* descreve a descoberta (ou a "mineração") de conhecimentos frutos de grandes quantidades de dados. Ao examinarmos, com cuidado, a analogia por trás do termo *mineração de dados*, podemos perceber que existe um equívoco, ou seja, quando alguém minera ouro em meio a pedras ou terra, chamamos isso de *mineração de ouro*, não de pedras ou terra. Portanto, o correto poderia ter sido batizar a mineração de dados como *mineração de conhecimentos* ou *descoberta de conhecimentos*.

Apesar do equívoco entre o termo e seu significado, *mineração de dados* consagrou-se no meio dos negócios. Entre os diversos outros nomes associados à mineração de dados estão: *extração de conhecimentos*, *análise de padrões*, *arqueologia de dados*, *colheita de informações*, *busca de padrões* e *dragagem de dados*.

Para saber mais

Esses padrões podem se apresentar na forma de regras de negócios, afinidades, correlações, tendências ou modelos preditivos. A maior parte da literatura define *mineração de dados* como o processo não trivial de identificar padrões válidos, novos, potencialmente úteis e ulteriormente compreensíveis nas bases de dados estruturados, em que estes **são organizados em registros** configurados por variáveis categóricas, ordinais e contínuas (Fayyad et al., 1996). Nessa definição, os significados dos termos-chave são os seguintes:

- *Processo* indica que a mineração de dados compreende muitas etapas interativas.
- *Não trivial* significa que alguma busca ou inferência do tipo experimental está envolvida, ou seja, não é tão simples quanto uma computação de quantidades predefinidas.
- *Válido* sinaliza que os padrões revelados devem se manter válidos com os novos dados e com um grau suficiente de certeza.
- *Novo* significa que os padrões não eram de conhecimento prévio do usuário no contexto do sistema analisado.
- *Potencialmente útil* indica que os padrões revelados devem proporcionar algum benefício ao usuário ou à tarefa.
- *Ulteriormente compreensível* significa que o padrão deve fazer sentido em termos comerciais, dando ao usuário àquela impressão ao ler a informação: "Tem lógica! Por que não pensei nisso antes?" (Sharda; Delen; Turban, 2019).

A mineração de dados não é uma disciplina nova, mas uma nova definição para o uso combinado de muitas disciplinas. *Data mining* está posicionada na interseção de muitas disciplinas, incluindo a estatística, a IA, o aprendizado de máquina, a ciência administrativa, os sistemas de informação e as bases de dados. A figura adiante expressa essa interdisciplinaridade.

Figura 3.1 – Interdisciplinaridade da área de *data mining*

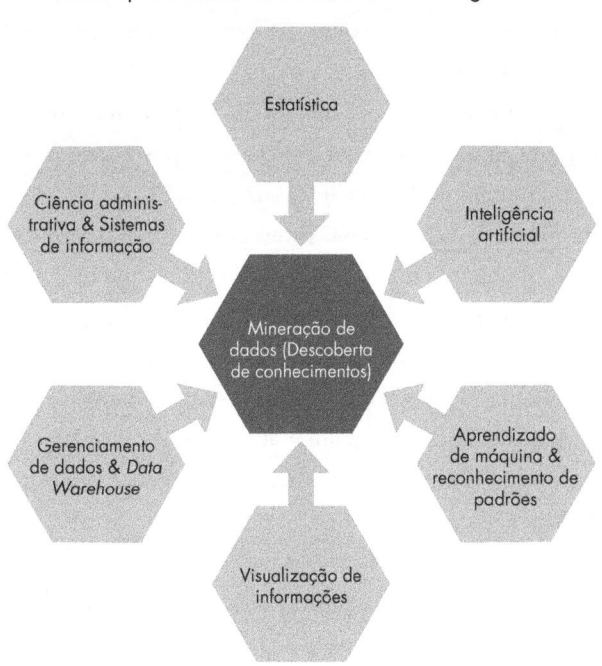

```
                        Estatística

  Ciência adminis-                          Inteligência
  trativa & Sistemas                         artificial
  de informação

                    Mineração de
                    dados (Descoberta
                    de conhecimentos)

  Gerenciamento                             Aprendizado
  de dados & Data                           de máquina &
  Warehouse                                 reconhecimento de
                                            padrões

                    Visualização de
                    informações
```

Fonte: Sharda; Delen; Turban, 2019, p. 234.

Aproveitando-se dos avanços de todas essas disciplinas, a mineração de dados tende a evoluir. Vamos ver agora as principais características e objetivos da mineração de dados.

- Os dados, algumas vezes, estão armazenados em vastas bases de dados. Em algumas situações, essas bases contêm itens que remontam a anos no passado. Comumente, eles são limpos e consolidados em um DW e podem ser apresentados em uma variedade de formatos.
- O ambiente de mineração de dados costuma seguir uma arquitetura de cliente/servidor ou baseia-se na *web*.
- Novas ferramentas sofisticadas, incluindo mecanismos avançados de visualização, ajudam a coletar as informações valiosas escondidas em arquivos corporativos ou em registros de arquivamento público. Para encontrá-las, é preciso analisar e sincronizar os dados. Mineradores de ponta também estão explorando a utilidade de dados *soft* (isto é,

textos não estruturados armazenados em locais como bases de dados *Lotus notes*, arquivos de texto na internet ou *intranets* que abrangem empresas como um todo).

- O minerador é, muitas vezes, um usuário final munido de ferramentas de consulta para fazer perguntas e obter respostas rapidamente, com pouca ou nenhuma habilidade de programação.
- A descoberta de informações interessantes muitas vezes resulta no encontro de um resultado inesperado e exige que os usuários finais pensem de forma criativa ao longo do processo, o que compreende a interpretação das informações encontradas.
- As ferramentas de mineração de dados são prontamente combinadas com planilhas e outras ferramentas de desenvolvimento de *software*. Assim, os dados minerados podem ser analisados e empregados de forma rápida e prática.
- Devido às vastas quantidades de dados e aos esforços massivos de busca, às vezes é necessário usar processamento paralelo para mineração de dados.

3.3 *Data mining* na indústria 4.0

A utilização de *data mining* nas ferramentas de análise de dados vem crescendo nos últimos anos. O movimento da indústria 4.0 fez com que pequenos fornecedores começassem a considerar a utilização dessas técnicas. No entanto, as aplicações práticas ainda apresentam um desenvolvimento de menor relevância e permanecem fora do alcance de muitas dessas pequenas empresas de manufatura.

Os princípios de mineração de dados e texto estão estabelecidos há muito tempo e já são bem compreendidos. Todavia, o ressurgimento da popularidade do campo, devido aos sucessos recentes na área de *machine learning*, pavimentou o caminho para que a indústria começasse a empregar essa ferramenta. Esse novo caminho, combinado com o progresso da tecnologia e a entrada na era do *big data*, provocou o uso dessas metodologias para além das instituições acadêmicas.

A *metodologia indústria 4.0*, apresentada em 2013 na Feira Mundial de Hamburgo, tornou-se foco e objetivo de todas as empresas de manufatura. O termo, criado pelo governo alemão para descrever a metodologia e a evolução dos métodos de fabricação contínua, é frequentemente aberto à interpretação. Existe uma área de manufatura inteligente que lança mão de tecnologias computacionais avançadas para apoiar as tomadas de decisões, funcionando de forma autossuficiente e, por isso, realizando autoajuste e autocorreção em caso de problemas. O surgimento e a evolução dessas tecnologias foram motivados, em parte, pela montagem e pelos desafios enfrentados pelas indústrias de manufatura na nova era.

Tem havido, ainda, um forte aumento na demanda por alta qualidade, produtos sob medida, desenvolvidos por meio dessas metodologias eficientes. Para atender a essa demanda, sistemas reconfiguráveis precisam ser desenvolvidos. Os primeiros passos foram dados para a implementação de sistemas inteligentes em muitas empresas com grandes requisitos de fabricação. Essas organizações começaram a explorar o potencial dessa área de conhecimento, porém vêm sofrendo com a necessidade de elevados investimentos, tanto em capital quanto em habilidades.

Existem várias tendências que modificam o cenário da indústria 4.0: o surgimento de equipes não tradicionais, a criação de funções exponenciais e o aumento recorrente de dados são alguns exemplos. As empresas que desejam fortalecer sua vantagem competitiva e criar uma cultura adaptativa e responsiva precisam se adaptar a essas novas metodologias.

Com todas as tecnologias que estão surgindo, espera-se que o futuro do trabalho seja muito diferente do que é hoje. Automação, análise e IA não se referem simplesmente a realocar trabalho entre humanos e máquinas, mas também estão gerando maiores percepções e informações sobre a produtividade e a eficiência dos funcionários. Para muitas empresas, essas informações contribuem para orientar as decisões sobre o gerenciamento da força de trabalho. Para a gestão, no entanto, tem-se questionado a função da liderança na indústria 4.0 e como gerenciar equipes multifuncionais em constante evolução, contexto em que os mecanismos tradicionais para definir funções e responsabilidades e medir o desempenho não são mais apropriados.

Diante da intensificação da adoção de IA e de análises, as empresas estão ganhando a capacidade de definir novos pontos de vista para conduzir o planejamento estratégico. Graças aos *dashboards* analíticos e às informações geradas por soluções de *data mining*, as organizações têm acesso a muito mais dados do que no passado. Antes que possam usar efetivamente esses *insights* para descobrir possíveis oportunidades, os líderes devem ser treinados para entender esses dados e confiar neles para conduzir suas decisões de negócios.

Mesmo que essas novas habilidades tenham como base as capacidades de gestão tradicionais, como pensamento estratégico e solução de problemas, elas exigirão que os gestores as apliquem de maneira que, inicialmente, pode parecer desconfortável ou contraintuitiva.

Isso se faz verdadeiro na indústria atual, em que muitos gerentes locais baseiam suas decisões em décadas de experiência prática. Se esses líderes forem repentinamente solicitados a resolver desafios por meio da análise de grandes conjuntos de dados, em vez de confiar em seu conhecimento pessoal, eles podem hesitar.

Conforme essas tecnologias surgem, os gestores estão sendo solicitados a confiar nos dados o suficiente para agir sobre eles. Por isso, empreender essa transição provavelmente exigirá não apenas um novo treinamento, mas também tempo e paciência (Ustundag; Cevikcan, 2018).

Esse não é o único desafio de gestão que o aumento exponencial de dados evoca. Considere, por exemplo, o impacto sobre os gerentes de uma operação que estão acostumados com um estilo de gerenciamento muito prático. À medida que eles ganham acesso às informações em tempo real e preditivas, podem se ocupar de tarefas mais estratégicas.

A aplicação de soluções de IA, incluindo *data mining*, possibilita que os sistemas de manufatura aprendam com as próprias experiências, com o objetivo de permitir a solução autônoma de adversidades e a otimização da produção.

A coleta de dados do sistema produtivo e a identificação de padrões viabilizam que a IA industrial configure modelos cada vez mais precisos e robustos. Vamos analisar, agora, um gráfico que compara a eficiência de um sistema de IA e de um sistema industrial tradicional ao longo do tempo.

Gráfico 3.1 – Comparação da eficiência de um sistema industrial tradicional e de um sistema de IA

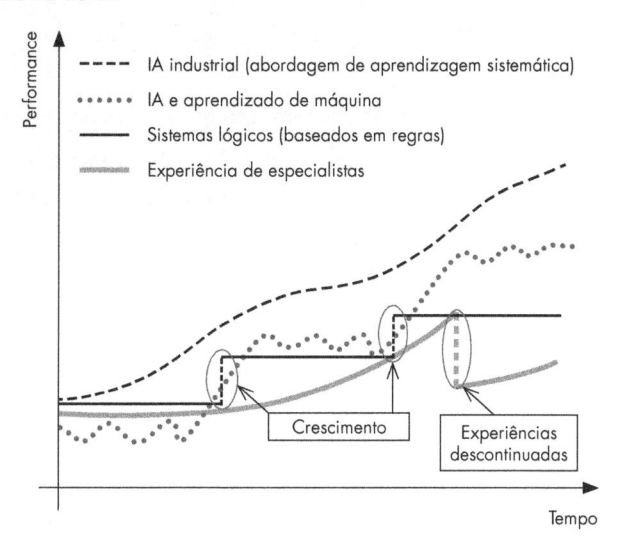

```
Performance ▲
            │  ---- IA industrial (abordagem de aprendizagem sistemática)
            │  ••••• IA e aprendizado de máquina
            │  ——— Sistemas lógicos (baseados em regras)
            │  ▬▬▬ Experiência de especialistas
            │
            │                    ┌─Crescimento─┐  ┌─Experiências
            │                                     descontinuadas
            └─────────────────────────────────────────────▶ Tempo
```

Fonte: Lee et al., 2018, p. 21, tradução nossa.

Examinando o gráfico, vemos que o crescimento da eficiência sinalizado em especialistas mostra o menor ganho para as indústrias, sendo que, superada a curva de aprendizado em determinado momento, irá ocorrer a rotatividade do funcionário e, por consequência, perda de parte do conhecimento adquirido previamente. Em relação aos sistemas lógicos, é possível notar que o crescimento existe apenas nos momentos em que novas regras e parâmetros de ajustes são inseridos nos sistemas que suportam o sistema. Já os sistemas que possuem IA, com capacidade de resolver problemas, apresentam crescimento após identificar oportunidades de otimização referentes ao cenário atual. A aplicação de IA industrial, por sua vez, possibilita uma configuração dinâmica e não limitada a uma linha de produção fixa convencional com produtos idênticos, mas uma linha de produção modular, que se ajusta conforme a combinação dos pedidos de produção recebidos dos clientes.

A organização da linha de produção ocorre virtualmente nos espaços ciberfísicos. A aplicação de IA industrial em fábricas da BMW, por exemplo, nos processos de estampagem, pintura e montagem, apresentou um aumento da eficiência, com redução de 30% no uso de água, de 40% no uso de energia e de 20% nas emissões de poluentes para atmosfera (Lee et al., 2018).

A indústria 4.0 é considerada um caminho que exige adaptação das empresas. A aplicação de técnicas de IA (e, por consequência, de *data mining*) nos processos produtivos possibilita maior otimização dos resultados, com predição dos potenciais modos de falhas, aprendizado contínuo e aumento da eficiência.

3.4 Data mining nos negócios

A mineração de dados tornou-se uma ferramenta bastante utilizada para enfrentar problemas e criar oportunidades de alta complexidade no mundo dos negócios. A meta de muitas dessas aplicações empresariais é resolver adversidades de forma rápida ou explorar oportunidades comerciais. Vamos ver, agora, como a *data mining* é aplicada em diferentes áreas no mundo dos negócios.

- **Gestão de relacionamento com o cliente** (CRM) – CRM é uma ferramenta do *marketing* tradicional. Seu intuito é criar relacionamentos individualizados com os clientes pelo desenvolvimento de uma íntima compreensão de suas necessidades e seus desejos. As empresas constroem relacionamentos com seus clientes ao longo do tempo por meio de vários tipos de ações – como consultas de produtos, vendas, solicitações de serviço, requisições de garantia, revisões de produtos e conexões em redes sociais –, e essas interações geram uma imensa quantidade de dados. Quando combinados com atributos demográficos e socioeconômicos, esses dados podem ser usados para:
    - identificar os compradores mais propensos de novos produtos ou serviços para formação de perfis de clientes;
    - entender as causas centrais da evasão de clientes;
    - descobrir associações variáveis no tempo entre produtos e serviços a fim de maximizar as vendas;

- identificar os clientes mais lucrativos e suas necessidades preferenciais, de modo a reforçar relacionamentos e maximizar vendas.

- **Setor bancário** – A mineração de dados pode ajudar os bancos nos seguintes itens:

  - automatizar o processo de pedido de empréstimos por meio de previsões dos prováveis inadimplentes;
  - detectar transações fraudulentas de cartão de crédito no sistema do banco *on-line*;
  - identificar maneiras de vender produtos e serviços ideais para grupos específicos de clientes.

- **Varejo e logística** – No setor do varejo, a mineração de dados pode ser usada para:

  - prever os volumes de vendas em locais específicos de varejo a fim de determinar os níveis corretos de estoque;
  - reconhecer relacionamento de vendas entre diferentes produtos, aprimorando o *layout* das lojas;
  - prever níveis de consumo de diferentes tipos de produtos com base em condições, com o propósito de otimizar a logística.

- **Fabricação e produção** – Os fabricantes podem usar mineração de dados para:

  - prever falhas em maquinário antes que ocorram, pelo uso de dados obtidos pelos sensores instalados nas máquinas;
  - identificar anormalidades e afinidades em sistemas de produção para otimizar a capacidade fabril;
  - descobrir padrões que viabilizem aprimorar a qualidade dos produtos.

- **Corretagem e transação de títulos mobiliários** – Os corretores e os operadores utilizam mineração de dados para:

  - prever quando e até que ponto os preços de certos títulos irão variar;

- antever a amplitude e a direção de flutuações de ações;
- identificar e prevenir atividades fraudulentas em transações mobiliárias.

- *Hardware* e *software* **de computador** – A mineração de dados pode ser usada nesse âmbito para:
  - prever falhas de disco rígido antes que elas aconteçam;
  - identificar e filtrar conteúdos indesejados da *web* e em mensagens de *e-mail*;
  - identificar produtos de *software* potencialmente inseguros.

- **Indústria turística** (companhias aéreas, hotéis, locadoras de veículos etc.) – A mineração de dados tem uma variedade de aplicações na indústria do turismo, sendo usada para:
  - prever vendas de diferentes serviços (tipos de assentos em aeronaves, de quartos em hotéis, de carros em locadoras de veículos etc.) a fim de encontrar os preços ideais a serem cobrados e, por conseguinte, aumentar as receitas;
  - antecipar a demanda em diferentes locais para melhor alocar recursos limitados;
  - identificar os clientes mais lucrativos e fornecer-lhes serviços personalizados para manter sua fidelidade;
  - manter clientes valiosos ao identificar e dirimir causas de evasão.

- **Atendimento de saúde** – A mineração de dados apresenta inúmeras aplicações na área da saúde. Pode ser usada para:
  - identificar pessoas que não têm plano de saúde e os motivos disso;
  - identificar novas relações de custo-benefício entre diferentes tratamentos;
  - projetar o nível e a época de ocorrência de demanda em diferentes locais de atendimento, de modo a alocar recursos de forma efetiva.

- **Indústria do entretenimento** – A mineração de dados é usada pela indústria do entretenimento para:
  - analisar dados de espectadores para decidir quais programas passar em horário nobre e como maximizar retornos ao saber onde inserir propagandas;
  - prever o sucesso financeiro de filmes antes mesmo que sejam produzidos para tomar decisões de investimento;
  - projetar a demanda em diferentes locais e momentos para melhor agendar eventos de entretenimento e alocar recursos de modo efetivo;
  - desenvolver políticas otimizadas de precificação com o intuito de maximizar receitas (Sharda; Delen, Turban, 2019).

Ao utilizar dados com informações importantes vindos de dentro ou de fora da organização, a mineração de dados constrói modelos para descobrir padrões entre as métricas buscadas no conjunto de dados. Os modelos são as representações matemáticas (simples relações/afinidades lineares ou relações complexas e altamente não lineares) que identificam os padrões, como clientes, eventos no conjunto de dados.

Em geral, a mineração de dados procura reconhecer quatro tipos principais de padrões:

1. As **associações** encontram os itens que costumam ocorrer em concomitância, por exemplo, cerveja e fraldas aparecendo juntas em análises de cesta de mercado.
2. As **previsões** indicam o caráter das ocorrências futuras de certos eventos, tomando por base o que aconteceu no passado, como a previsão do ganhador do Super Bowl ou da temperatura absoluta em um dia específico.
3. Os **agrupamentos** identificam aglomerações naturais de coisas com base em suas características conhecidas, como a atribuição de clientes em distintos segmentos dependendo de seus traços demográficos e comportamentos de consumo anteriores.
4. As **relações sequenciais** revelam eventos temporalmente ordenados, por exemplo, a previsão de que um cliente que já possui uma

conta-corrente abrirá, dentro de um ano, uma conta-poupança, seguida de uma conta de investimentos (Sharda; Delen; Turban, 2019).

Em termos gerais, as tarefas de mineração de dados podem ser classificadas em três categorias principais: **previsão, associação e agrupamento**. Dependendo da forma como os padrões são extraídos dos dados históricos, os algoritmos de aprendizado dos métodos de mineração de dados podem ser classificados como *supervisionados* ou *não supervisionados*. No caso dos algoritmos de aprendizado supervisionado, os dados de treinamento incluem:

- **Atributos descritivos** – Variáveis independentes ou variáveis decisórias.
- **Atributo de classe** – Variável de saída ou de resultado. Em contraste, no caso do **aprendizado não supervisionado**, os dados de treinamento contemplam apenas os **atributos descritivos**.

Vejamos, agora, as categorias principais das tarefas de mineração.

Previsão

A previsão lembra o ato de tentar adivinhar o futuro. Ela difere da adivinhação pura e simples por levar em consideração as experiências, as opiniões e outras informações relevantes ao tentar antever o futuro. O termo comumente utilizado nos negócios associado à previsão é *projeção*. Enquanto a previsão se baseia em grande parte na experiência e em opiniões, uma projeção fundamenta-se em dados e modelos. Dependendo da natureza daquilo que está sendo previsto, a previsão pode ser chamada, mais especificamente, de *classificação*, em que o previsto, como o clima do dia seguinte, representa uma designação de classe, como "chuvoso" ou "ensolarado", ou de regressão, em que o previsto, como a temperatura, é um número real como "18°C".

Classificação

A classificação, ou indução supervisionada, talvez seja a mais comum entre todas as tarefas de mineração de dados. O objetivo da classificação é analisar os dados históricos armazenados em uma base de dados e, de forma automática, gerar um modelo capaz de prever comportamentos futuros. Esse modelo indutivo consiste em generalizações alicerçadas nos registros de um conjunto de dados que ajudam a distinguir classes predefinidas.

Entre as ferramentas comuns de classificação estão as redes neurais e as árvores de decisão (com uso de *machine learning*), a regressão logística e a análise discriminante (com emprego da estatística tradicional). Técnicas de classificação baseadas em estatística, como regressão logística e análise discriminante, já receberam sua parcela de críticas, o que restringe seu uso em projetos de mineração de dados do tipo classificação.

As **redes neurais** envolvem o desenvolvimento de estruturas matemáticas, algo semelhante às redes neurais biológicas no cérebro humano, que são capazes de aprender com experiências passadas, apresentadas na forma de conjuntos de dados bem-estruturados. Elas tendem a ser mais eficientes quando a quantidade de variáveis relacionadas é bem grande e quando as relações entre elas são complexas e imprecisas.

As redes neurais têm vantagens e desvantagens. Costuma ser muito difícil, por exemplo, oferecer uma boa justificativa para as previsões feitas por uma rede neural. Além disso, as redes neurais tendem a exigir um treinamento considerável. Infelizmente, o tempo necessário para treinamento tende a aumentar exponencialmente com o crescimento do volume de dados e, em geral, as redes neurais não podem ser treinadas em bases de dados muito grandes. Esses e outros fatores acabaram por limitar a aplicabilidade das redes neurais em áreas em que se utilizam grandes volumes de dados.

As **árvores de decisão**, por sua vez, classificam dados em uma quantidade finita de classes com base nos valores das variáveis de entrada. Em essência, as árvores de decisão são uma hierarquia de declarações "se então" e, por isso, são significativamente mais rápidas que as redes neurais. Elas são mais apropriadas para dados categóricos e intervalares. Portanto, a incorporação de variáveis contínuas em uma estrutura de árvore de decisão exige a conversão de variáveis numéricas contínuas em categorias.

Outras técnicas mais recentes – como *Support Vector Machine* (SVM), conjuntos aproximados e algoritmos genéticos – estão, gradualmente, ganhando terreno no campo dos algoritmos de classificação.

Agrupamento

O agrupamento reparte uma coleção de coisas (por exemplo, objetos, eventos), que são então apresentados em um conjunto de dados estruturados, em segmentos cujos membros partilham características similares.

Ao contrário do que ocorre na classificação, no agrupamento as designações de classe são desconhecidas. Os agrupamentos são estabelecidos conforme o algoritmo selecionado avança pelo conjunto de dados, identificando as afinidades das coisas com base em suas características.

Como os agrupamentos são determinados usando-se um algoritmo do tipo heurístico e uma vez que algoritmos distintos podem acabar produzindo agrupamentos diferentes para o mesmo conjunto de dados, antes que os resultados das técnicas de agrupamento sejam postos em prática, pode ser necessário que um especialista interprete e faça eventuais ajustes. Desde que agrupamentos razoáveis tenham sido identificados, eles podem ser usados para classificar e interpretar novos dados.

O que não chega a surpreender é que as técnicas de agrupamento incluam otimização. O objetivo do agrupamento é criar grupos de tal forma que os membros de cada um deles apresentem a máxima similaridade entre si e a mínima similaridade com membros de outros grupos. As empresas tendem a empregar sistemas de mineração de dados com eficiência para realizar segmentação de mercado com análise de agrupamentos.

Associações

As associações (ou aprendizado de regras por associação) em mineração de dados englobam uma técnica bastante utilizada para descoberta de relações entre variáveis em grandes bases de dados. Graças às tecnologias de coleta automatizada de dados, como escâneres de códigos de barras, o uso de regras de associação para revelar regularidades entre produtos em transações em larga escala registradas por sistemas de ponto de venda em supermercados, por exemplo, tornou-se uma tarefa comum de descoberta de conhecimentos no setor do varejo, no qual a mineração de regras de associação é conhecida como *análise de cesta de mercado* (Sharda; Delen; Turban, 2019).

Para a **condução de projetos de mineração de dados**, um processo geral costuma ser adotado. Baseados nas melhores práticas, pesquisadores e praticantes de mineração de dados acabaram por propor diversos processos (fluxos de trabalho ou simples abordagens do tipo passo a passo) para maximizar as chances de sucesso na condução de projetos de mineração de dados.

Um desses processos padronizados, talvez o mais popular entre eles, o *cross-industry standard process for data mining* (CRISP-DM), foi proposto em meados dos anos 1990 por um consórcio de empresas europeias para servir de metodologia-padrão sem proprietário para mineração de dados

Vamos analisar agora esse processo, o que envolve uma sequência de seis passos e começa pela compreensão do negócio e da necessidade do projeto de mineração de dados, o domínio da aplicação, e encerra-se com a implementação da solução que satisfaz a necessidade do negócio.

Ainda que esses passos sejam sequenciais, geralmente costuma haver muitas instâncias de recuo. Dado que a mineração de dados é norteada pela vivência e pela experimentação, dependendo da situação, dos conhecimentos e da experiência do analista, o processo inteiro pode ser bastante interativo. Isso significa que ocorrerá um movimento repetido, para frente e para trás, nos passos e que essa atividade poderá ser demorada.

Como os passos finais se baseiam nos resultados dos passos iniciais, é preciso dar atenção especial ao início da operação para não colocar o sistema inteiro no rumo errado.

Figura 3.2 – Representação do processo de *data mining* em 6 passos

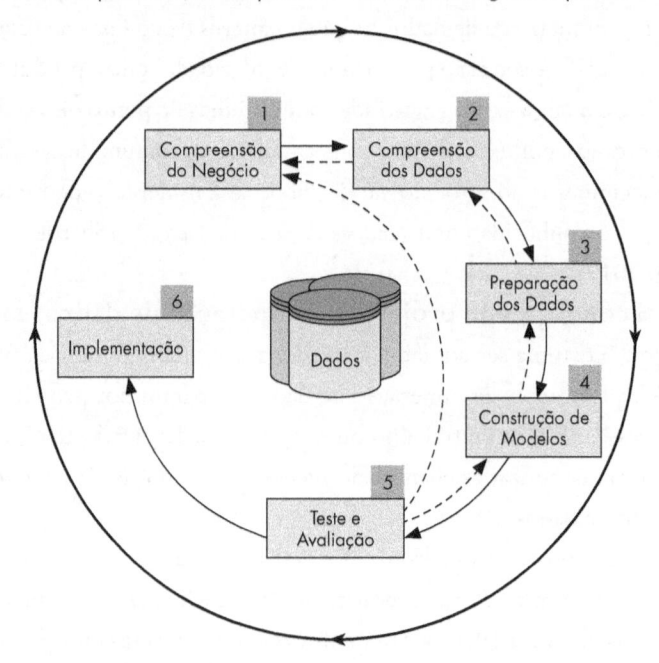

[Diagrama circular com 6 passos: 1. Compreensão do Negócio; 2. Compreensão dos Dados; 3. Preparação dos Dados; 4. Construção de Modelos; 5. Teste e Avaliação; 6. Implementação; com "Dados" no centro]

Fonte: Sharda; Delen; Turban, 2019, p. 247.

Observe a figura anterior e acompanhe a descrição de cada passo a seguir.

1. **Entender os negócios** – O elemento-chave de qualquer estudo de mineração de dados é saber para que serve o estudo e o que se está procurando.

   A resposta dessa pergunta começa pela compreensão da necessidade administrativa de novos conhecimentos e por uma especificação do objetivo dos negócios envolvidos no estudo a ser conduzido. Metas específicas, como "Quais são as características em comum dos clientes que perdemos para nossos concorrentes no último semestre?" ou "Quais são os tipos de perfis de nossos clientes e quanto é o valor que cada um deles nos proporciona?", são necessárias.

   Na sequência, um plano de projeto para encontrar esses conhecimentos é desenvolvido, determinando as pessoas responsáveis pela coleta dos dados e por sua análise. Nessa primeira etapa, um orçamento também deve ser estabelecido, não necessitando ser um valor preciso.

2. **Compreender os dados** – Um estudo de mineração de dados deve ser planejado com um objetivo de negócio bem-definido. Após o entendimento dos negócios, a principal atividade do processo de mineração é identificar os dados relevantes nas bases de dados disponíveis. Primeiro, o analista deve ser claro e conciso em sua descrição da tarefa de mineração para que os dados mais relevantes possam ser identificados.

Um projeto de mineração de dados, no varejo, pode ter como objetivo, por exemplo, identificar comportamentos de gastos de homens que compram roupas da estação tendo em vista seus atributos demográficos, socioeconômicos e de transações de cartão de crédito. Além disso, o analista deve conhecer intimamente suas fontes de dados, por exemplo, onde e em qual formato os dados relevantes estão armazenados, qual é o processo de coleta de dados, se automatizado ou manual, quem são os coletores de dados, com que frequência os dados são atualizados e quais são suas variáveis, como: "Quais são as variáveis mais relevantes?", "As variáveis representam uma fonte completa de informação sem sobreposição ou conflito de informações?". Para melhor entender os dados, o analista muitas vezes emprega uma variedade de técnicas estatísticas e gráficas, como resumos estatísticos de cada variável. No caso de variáveis numéricas, por exemplo, a média aritmética, o mínimo/máximo, a mediana e o desvio-padrão estão entre as medidas calculadas, enquanto para medidas categóricas são calculados a moda e as tabelas de frequência, a análise de correlações, os gráficos de dispersão, os histogramas e os diagramas de caixa. Identificação e seleção cuidadosas das fontes de dados e das variáveis mais relevantes podem facilitar a descoberta de padrões de conhecimento por algoritmos de mineração de dados.

As fontes para seleção de dados podem variar. Tradicionalmente, as fontes de dados para aplicações em negócios incluem dados demográficos (como renda, nível educacional, número de residências e faixa etária), dados sociográficos (como *hobby*, filiação a clubes e entretenimento) e dados transacionais (como registro de vendas, gastos com cartão de crédito e cheques emitidos). Nos dias de hoje, as fontes de dados também usam redes sociais e dados gerados por máquina. Os dados podem ser categorizados como quantitativos ou qualitativos. Dados **quantitativos** são mensurados por valores numéricos – os **dados numéricos**. Já os dados **qualitativos**, também conhecidos como *dados categóricos*, contêm tanto dados nominais quanto ordinais. Dados **nominais** apresentam valores finitos não ordenados, como dados sobre gênero, que podem apresentar dois valores: masculino e feminino. Os dados **ordinais**, por sua vez, apresentam valores finitos ordenados. Qualificações de crédito de consumidores, por exemplo, são consideradas dados ordinais, pois podem ser excelentes, boas ou ruins.

Uma vez que os dados relevantes sejam selecionados de acordo com os objetivos de negócios da mineração de dados, o pré-processamento de dados deve ser buscado.

3. **Preparar os dados** – O propósito da preparação de dados, chamada de *pré-processamento de dados*, é tomar os dados identificados no passo anterior e prepará-los para análise por meio de métodos de mineração de dados.

Comparados aos outros passos no CRISP-DM, o pré-processamento de dados é o que consome mais tempo e esforço. A maioria dos envolvidos calcula que esse passo responde por 80% do tempo total em um projeto de mineração de dados. O motivo para tamanho esforço ser despendido nesse passo é que os dados costumam vir incompletos, faltando valores de atributo, certos atributos de interesse, ou contendo apenas dados agregados, repletos de ruído, erros ou pontos fora da curva e com inconsistências, evidenciando discrepâncias em códigos ou nomes.

4. **Construir modelos** – Nesse passo, diferentes técnicas de modelagem são selecionadas e aplicadas sobre um conjunto de dados já preparados, a fim de abordar a necessidade específica de negócio. O passo de construção de modelos abrange a avaliação e a análise comparativa dos vários modelos desenvolvidos. Por não haver um único método ou algoritmo considerado universalmente como o melhor para uma tarefa de mineração de dados, deve-se usar uma variedade de modelos e uma estratégia bem definida de experimentação e avaliação para encontrar o método ideal para determinado propósito. Mesmo para um único método ou algoritmo, inúmeros parâmetros precisam ser calibrados para que os melhores resultados sejam obtidos.

    Conforme a necessidade detectada, a tarefa de mineração de dados pode ter um caráter de previsão de associação ou de agrupamento. Cada uma dessas tarefas de mineração pode empregar uma amplitude de métodos e algoritmos de mineração de dados.

5. **Testar e avaliar** – Os modelos desenvolvidos são aferidos e avaliados quanto à sua **precisão**. Esse passo afere até que ponto o modelo (ou os modelos selecionados) atende aos objetivos de negócios e com qual precisão. Outra opção é testar o(s) modelo(s) desenvolvido(s) em um cenário real, caso as restrições de tempo e orçamento assim permitam.

    O passo referente aos testes e à avaliação representa uma tarefa crucial e desafiadora. Nenhum valor é agregado pela tarefa de mineração de dados até que o valor comercial obtido da descoberta de padrões seja identificado e reconhecido. A determinação do valor comercial dos padrões de conhecimento descobertos é, de certa forma, similar à montagem de um quebra-cabeça. Os padrões de conhecimento extraídos são peças do quebra-cabeça que precisam ser encaixadas umas às outras em um contexto.

6. **Implementar** – O desenvolvimento e a avaliação dos modelos não configuram o encerramento do projeto de mineração de dados. Mesmo que o propósito dos modelos seja fazer uma simples exploração dos dados, o conhecimento proveniente de tal exploração ainda precisa ser organizado e apresentado de modo que o usuário final possa compreendê-lo.

Dependendo das exigências, a **fase de implementação** pode ser tão simples quanto gerar um relatório ou tão complexa quanto instaurar um processo de mineração de dados por todo o empreendimento. Em muitos casos, é o usuário, e não o analista de dados, quem conduz o passo de implementação. No entanto, mesmo que não seja o analista a direcionar o esforço de implementação, é importante que o usuário entenda, desde o início, quais ações precisam ser tomadas para utilização prática dos modelos criados.

A implementação pode contemplar atividades de manutenção para os modelos implementados. Ao longo do tempo, os modelos desenvolvidos sobre os dados antigos podem se tornar obsoletos, irrelevantes ou enganosos. Por isso, o monitoramento e a manutenção dos modelos são requisitos importantes para que os resultados da mineração de dados se tornem parte dos negócios cotidianos e de seu ambiente.

A preparação de uma estratégia de manutenção, cabe enfatizar, ajuda a evitar períodos longos e desnecessários de utilização incorreta dos resultados da mineração de dados.

Síntese

Neste capítulo, vimos que:

- O aumento da criação de dados gerados e da complexidade dos conjuntos de dados fez com que a ferramenta de *data mining* evoluísse, não mais entregando apenas dados estáticos, mas também informações dinâmicas, indo de fitas e discos utilizados no passado para algoritmos de alta complexidade e bancos de dados que contêm um enorme volume destes.

- Conhecimento é, hoje, o principal e mais buscado resultado que a mineração de dados proporciona. Isso aparece como uma solução que pode ser aplicada na BI. Umas das ferramentas que permite que BI extraia dados complexos é a mineração de dados. As informações geradas pelas soluções de BI são apresentadas de formas claras e compreensíveis, as quais são úteis para todos envolvidos em processos de decisões no mundo dos negócios.
- A indústria 4.0 está traçando um novo caminho para as empresas e os negócios. Esse novo caminho, combinado com o progresso da tecnologia e a entrada na era do *big data*, provocou o uso dessas metodologias para além das instituições acadêmicas.
- A utilização de bancos de dados não é algo novo para as empresas e os negócios, porém o aumento exponencial do volume de dados na atualidade exigiu que as empresas se adaptassem, surgindo assim soluções automatizadas para executar essas operações.

Questões para revisão

1. Ainda uma atividade popular de mineração de dados, ela categoriza ou agrupa grandes coleções de documentos, como artigos de notícias ou páginas da *web*. Outra aplicação é a mineração de opinião, em que as técnicas são empregadas para obter informações úteis dos dados do estilo questionário.

   Assinale a alternativa que apresenta o tipo de mineração a que se refere a descrição anterior:
   a. Mineração de informações.
   b. Mineração de dados numéricos.
   c. Mineração de gráficos.
   d. Mineração de imagens.
   e. Mineração de texto.

2. Sabemos que a mineração busca padrões de dados para gerar informações em grandes bancos. Sobre isso, assinale a alternativa que indica os quatro padrões visados nesse processo:

   a. Associações, interpretações, agrupamentos e relações sequenciais.
   b. Associações, previsões, ajuntamentos e relações sequenciais.
   c. Associações, previsões, agrupamentos e relações sequenciais.
   d. Associações, previsões, agrupamentos e interpelações.
   e. Combinações, previsões, agrupamentos e relações sequenciais.

3. Na condução de projetos de mineração de dados, normalmente é adotado um processo geral para a condução das atividades. Sempre tendo como base as melhores práticas, os pesquisadores e praticantes de mineração de dados montam um processo, fluxo e trabalho, visando maximizar as chances de sucesso dessa empreitada. Esse fluxo de trabalho é composto por seis passos.

   Um desses processos padronizados, talvez o mais popular entre eles, é o CRISP-DM.

   Sobre a descrição anterior de um desses passos, assinale a alternativa que indica à qual passo do processo a preparação de dados concerne:

   a. 1º passo.
   b. 2º passo.
   c. 3º passo.
   d. 4º passo.
   e. 5º passo.

Reengenharia de processos (BPR)

Conteúdos do capítulo

- Conceito e etapas de reengenharia de processos (*Business Process Reengineering* – BPR).
- Distinção entre BPR e metodologia de gerenciamento de processos.
- Ciclo PDCA e sua implantação.

Após o estudo deste capítulo, você será capaz de:

1. conceituar BPR e diferenciá-la da metodologia de gerenciamento de processos;
2. descrever o passo a passo da BPR.
3. explicar o ciclo PDCA e sua efetivação.

capítulo 4

A reengenharia de processos de negócios (ou *Business Process Reengineering* – BPR) é uma abordagem de gerenciamento de mudanças na qual as tarefas necessárias para obter um resultado de negócios específico são reprojetadas. Um objetivo importante da BPR é analisar fluxos de trabalho dentro e entre empresas, a fim de otimizar processos de ponta a ponta e eliminar tarefas que não oferecem valor ao cliente.

BPR é um conceito de gestão muito importante e surgiu em meados das décadas de 1980 e 1990. Geralmente, ele é creditado aos professores do Instituto de Tecnologia de Massachusetts (MIT) e do Babson College, respectivamente, Michael Hammer e Thomas Davenport. Ambos começaram como colegas, trabalhando em um programa de pesquisa chamado *Partnership for Research in Information Systems Management* (Prism). Seus esforços de pesquisa foram patrocinados por algumas das maiores corporações da época e referem-se ao desenvolvimento de um modelo arquitetônico para aproveitar os avanços recentes da tecnologia, incluindo computadores pessoais (*personal computers* – PCs) e internet.

Na atualidade, a BPR é usada no mundo dos negócios com bastante frequência e intensidade, sempre auxiliada por novas técnicas e metodologias, como *data mining*, *business intelligence* (BI), gerenciamento de projetos, entre outras.

Neste capítulo, além desses temas, explicaremos o que é o Ciclo Planejar, Fazer, Verificar e Agir (*plan-do-check-act cycle* – PDCA) e o passo a passo para utilizá-lo. O ciclo PDCA é uma metodologia aplicada para refinamento contínuo de processos e resolução de problemas nas empresas, os quais não são facilmente visualizados ou passaram por várias tentativas fracassadas de correção. É um tipo de processo que, a cada repetição, chega a um resultado diferente. Tais resultados, por sua vez, são usados cumulativamente nas vezes subsequentes.

4.1 Definição de BPR

A BPR, na maioria das vezes, acarreta significativa mudança (da administração à produção), substituindo os métodos e processos já em andamento nas organizações. Isso é feito quando os produtos ou serviços vendidos por uma empresa não estão atendendo às necessidades dos clientes. Também se aplica a BPR quando a empresa busca se aprimorar para continuar competitiva ou ganhar mais espaço no mercado em que atua.

A BPR ganhou popularidade no mundo dos negócios na década de 1990, em virtude do artigo "Trabalho de reengenharia: não automatize, oblitere", publicado na revista *Harvard Business* por Michael Hammer. No texto, Hammer defendeu a tese de que muitas empresas estavam usando novas tecnologias para automatizar processos fundamentalmente ineficazes, em vez de criar algo diferente com novas tecnologias. Como exemplo, pense em "atualizar" um cavalo com ferraduras mais leves, que o tornem mais rápido, em vez de apenas fabricar um carro.

Nas décadas seguintes, a BPR perdurou nas empresas como uma alternativa à gestão de processos de negócios (automatizando ou reutilizando processos existentes), que a superou bastante em popularidade.

De acordo com o Portal Educação (Reengenharia..., 2021), a implantação da reengenharia demanda das organizações uma visão de negócio como um todo. É preciso, para isso, adaptabilidade e flexibilidade dos processos e negócios. Isso significa modificar as estruturas departamentais e hierárquicas que restringem as informações ao topo das organizações, centralizadas nas altas gerências, que acabam não usando essas informações de forma impactante (Davenport, 1994).

A BPR enxuga os processos ou procedimentos que envolvem toda a operação da empresa. De acordo com Sandroni (1996), o processo de reengenharia pode ser concebido em duas dimensões: (1) a abrangência e (2) a profundidade. A **abrangência** refere-se à amplitude horizontal com que o processo ocorre no interior da empresa, ao passo que a **profundidade** concerne ao grau das modificações nos principais elementos organizacionais, sendo elas:

- papéis e responsabilidades;
- mensuração de resultados e incentivos;
- estrutura organizacional;
- tecnologia de informação;
- valores compartilhados e habilidades.

Exemplo prático

Um dos exemplos de BPR mais referenciados é o caso da Ford. Na década de 1980, a indústria automobilística americana estava em depressão e, na tentativa de cortar custos, a Ford decidiu examinar alguns de seus departamentos com o intuito de detectar processos ineficientes. Uma de suas conclusões foi que o Departamento de Contas a Pagar não era tão eficiente quanto poderia ser: essa divisão consistia em 500 pessoas, diferentemente da Mazda, sua parceira, que trabalhava com 5 (Oakland, 2013).

Embora a Mazda fosse uma empresa menor, a Ford estimou que seu departamento ainda era cinco vezes maior do que deveria ser. Consequentemente, a administração da Ford estabeleceu para si mesma uma meta quantificável: reduzir o número de funcionários trabalhando em contas a pagar para algumas centenas de funcionários. Em seguida, lançou uma iniciativa de BPR para descobrir por que o departamento estava com tanto pessoal. A análise demonstrou que (Oakland, 2013):

- quando o Departamento de Compras redigia um pedido de compra, ele enviava uma cópia para o setor de contas a pagar;
- em seguida, o controle de materiais recebia a mercadoria e enviava uma cópia do respectivo documento para o setor de contas a pagar;
- ao mesmo tempo, o vendedor remetia um recibo da mercadoria para o setor de contas a pagar.
- logo após, o funcionário do Departamento de Contas a Pagar acertava os três pedidos e, se coincidissem, emitia o pagamento.

Isso, é claro, exigia muita mão de obra do departamento.

Assim, com BPR, a Ford recriou por completo o processo digitalmente (Oakland, 2013):

- o Departamento de Compras emite um pedido e o insere em um banco de dados *on-line*;
- o controle de materiais recebe as mercadorias e faz referências cruzadas com o banco de dados para garantir que correspondem a um pedido;
- se houver correspondência, o controle de material aceita o pedido no computador.

Dessa forma, eliminou-se por completo a necessidade de balconistas de contas a pagar atenderem aos pedidos.

É preciso estabelecer uma diferença importante entre os processos tratados pela reengenharia: podem recair sobre os negócios de uma empresa ou sobre os processos que ela realiza para alcançar seus objetivos (Sandroni, 1996). Com essa distinção, é possível reconhecer o que pertence à gestão do conhecimento e o que pertence à BPR. A gestão do conhecimento documenta e partilha informação sobre "o que é", enquanto a BPR mostra e procura "o que deve ser", ou seja, como serão os processos após a implementação das alterações e melhorias.

Hammer, pai da reengenharia, em suas publicações, afirmava que o objetivo da reengenharia eram os processos, não as organizações. O repensar fundamental dos processos empresariais que visam alcançar melhorias em indicadores críticos e contemporâneos de desempenho é de suma importância para a reengenharia.

De acordo com o Portal Educação (Reengenharia..., 2021), os tipos de reengenharia são:

- Reengenharia de Processos Produtivos: consiste em modificar qualquer ciclo de processo padrão que esteja em uso em dada organização, a fim de melhor acomodar as tecnologias novas e emergentes, bem como os requisitos dos clientes para um produto ou sistema.
- Reengenharia de Processos Administrativos: direciona-se para alterações potenciais em todos os negócios ou processos organizacionais.
- Reengenharia de Sistemas de *software* ou produto: é o exame, estudo, captura e modificação de mecanismos internos ou funcionalidade de um sistema existente ou produto, visando reconstituí-lo em uma nova forma e com novas características, frequentemente para tomar vantagem das novas e emergentes tecnologias, mas sem grandes alterações na funcionalidade e no propósito inerentes ao sistema.

O que é

Os autores Hammer e Champy (1995) definiram reengenharia como a reorganização radical dos processos para alcançar melhorias significativas nos indicadores de desempenho. Outro conceito é o de Davenport (1994), que a descreve como a implementação de uma inovação que cause uma mudança significativa na empresa ou organização. Ele ainda diferencia a reengenharia da melhoria contínua. Para o autor, a reengenharia objetiva resultados expressivos que vão além daquele processo.

A análise de processos de negócios ajuda a aumentar a eficiência e a eficácia de um processo e decidir se será implantada ou não a BPR, bem como avalia o quão bem o processo atinge seu objetivo final. Tal metodologia identifica e examina cada parte da estrutura, incluindo o próprio processo, as partes participantes, a troca de informações e outros elementos. Da mesma forma, pode contribuir para identificar melhorias potenciais dentro do processo, tornando mais fácil executar uma iniciativa de reengenharia.

Na maioria dos casos, a análise do processo de negócios pode ser útil para:

- Encontrar as razões dos atrasos sistemáticos;
- Limpar a maneira "certa" de empreender o processo;
- Determinar se o processo está ou não operando na capacidade potencial máxima;
- Descobrir se o processo deve ser melhorado ou reprojetado.

Cada empresa tem de avaliar constantemente seus processos e pensar em como melhorá-los. Com o passar do tempo, novas tecnologias ficam disponíveis, tornando o processo em andamento obsoleto ou fácil de aprimorar. Também acontece de o processo, no estado em que se encontra, usar muitos recursos ou, simplesmente, ser ineficiente devido à tecnologia desatualizada. É aí que a análise do processo de negócios se torna producente.

Ao usar esse método de otimização, uma empresa pode:

- **Limpar a documentação do processo** – Em algum ponto, toda empresa acumula muito mais papéis ou informações sobre o processo do que precisa. Fazer uma análise completa do processo de negócios ajuda a determinar quais partes da documentação ainda são relevantes e quais podem ser desconsideradas e excluídas.
- **Identificar se o processo é caro ou há desperdício** – Ninguém quer ter um processo que consuma mais recursos do que deveria.
- **Encontrar as causas para as ineficiências e os atrasos no processo** – A análise do processo de negócios permite separá-lo em pedaços menores, tornando-o mais fácil de entender e analisar. Isso, por sua vez, viabiliza verificar se o processo está com baixo desempenho e se pode ser melhorado.
- **Descobrir riscos desnecessários dentro do processo.**

A análise do processo de negócios fornece os dados necessários para encontrar as fraquezas do processo e suas possíveis melhorias, bem como para confirmar se vale a pena reformulá-lo. Independentemente da conduta adotada, há 5 etapas que se devem seguir, apresentadas na sequência.

1. **Determinar o processo para analisar**

    A primeira coisa a se fazer é identificar qual processo será analisado. Normalmente, seriam investigados os mais críticos para os negócios. Isso inclui aqueles que têm uma influência direta sobre produto final, receitas, despesas e outros componentes vitais.
    Por outro lado, também se pode analisar um processo implementado recentemente, como um meio de garantir que ele está funcionando conforme o esperado. Selecionado aquele a ser examinado, é necessário anotar os pontos inicial e final exatos. Como os processos podem ser realmente interligados, a análise pode ficar confusa e ocorrer a mistura dos dados de uns com os outros.

2. **Coletar as informações necessárias**

    Depois de definir o processo, é preciso coletar o máximo de informações possível para analisá-lo. Nessa etapa, o principal objetivo é percorrer todas as fontes de informação sobre ele, seja folheando a documentação, seja entrevistando as pessoas envolvidas.

3. **Mapear o processo**

Para se avançar na análise, devem-se colocar as descobertas de forma estruturada. O mapeamento de processos de negócios envolve a visualização do todo. Ao mapeá-los, o objetivo é filtrar todas as informações relevantes coletadas e apresentá-las de forma organizada e articulada. Esse mapeamento permite que os envolvidos percebam claramente o processo com o qual estão lidando e compreendam melhor as funções das várias partes interessadas. Isso torna muito mais fácil ver o que funciona ou não, quais são os riscos associados aos vários componentes e, por fim, qual é o quadro geral.

Existem várias maneiras de mapear um processo de negócios. Pode-se utilizar a velha escola e construir diagramas de fluxo de trabalho e fluxogramas. Um benefício desse método é que ele está disponível para qualquer pessoa que encontre uma caneta e um papel ou um editor de texto no computador. Também se pode usar qualquer uma das ferramentas de mapeamento de processos comuns, seja um mapa de fluxo de valor, seja um diagrama Fornecedor, Entradas, Processos, Saídas e Cliente (*supplier*, *input*, *process*, *output* e *costumer* – Sipoc), dependendo do objetivo visado.

Ao contrário da opção caneta e papel ou editor de texto, o *software* possibilita que se acompanhem os processos em tempo real, observando-se até mesmo a ocorrência de atrasos. Ainda, permite algum grau de automação, uma vez que o próprio *software* é responsável por garantir que o processo seja concluído em tempo hábil.

4. **Analisar o processo**

Com todos os dados reunidos, já se deve ter uma ideia clara do que é possível melhorar. Para encontrar outros potenciais aperfeiçoamentos, é possível responder a algumas perguntas:

- Quais são os componentes mais importantes do processo?
- Qual é o seu impacto?
- Melhorar apenas esses componentes seria suficiente?
- Existem atrasos sistemáticos ou problemas no processo?
- Existe uma maneira de corrigi-los?
- Quão grande é sua influência na produção?
- Determinado componente do processo requer muitos recursos?
- Existe uma maneira de mudá-lo?

Essas são apenas algumas das questões a serem consideradas. À medida que os envolvidos se aprofundam nisso, melhor entendem o que exatamente precisa ser analisado.

5. **Determinar melhorias potenciais**

O objetivo de tudo o que foi dito até agora é entender como se pode tornar o processo de negócios melhor. Os tipos de melhorias que funcionam para cada empresa dependem de sua situação específica. Não existe uma solução que sirva para todos. Logo, é necessário usar a criatividade para encontrar refinamentos potenciais por meio da análise de processos de negócios ou por iniciativas maiores, como a BPR.

4.2 Implantação de BPR

Os processos são o foco da reengenharia, com renovação, mudanças drásticas e conhecimento das etapas do processo. Conforme Hammer e Champy (1995), a reengenharia deve ser desenvolvida em seis passos importantes:

1. **Identificar as necessidades do cliente e os objetivos do processo que passam pela reengenharia** – Alguns dos objetivos mais comuns são: reduzir custos, minimizar o ciclo de tempo e eliminar defeitos. Não importa que o cliente seja externo ou interno, é essencial detectar onde o processo falha.

2. **Mapear e medir o processo atual** – Perguntas comuns nessa etapa são: Como é o processo? Quanto custa? Quanto tempo toma? Quais resultados estão sendo obtidos?
3. **Analisar e modificar o processo existente** – Nesse ponto, a empresa deve decidir por fazer pequenas alterações no processo ou reprojetá-lo.
4. **Promover o *benchmarking* para descobrir alternativas eficazes e inovadoras** – A análise interna do processo pode levar a grandes melhorias, mas a reengenharia inovadora só é efetuada fazendo-se *benchmarking* de processos semelhantes aos das melhores organizações.
5. **Promover a reengenharia do processo** – Nesse ponto, já foram identificados os melhores potenciais no processo existente, bem como as práticas inovadoras, isso por meio do *benchmarking*.
6. **Implementar o novo processo** – Treinar os funcionários, criar processo-piloto, implementar em escala ampla e monitorar os resultados são algumas das condutas dessa etapa.

A reengenharia de processo é uma tarefa cheia de desafios, e os profissionais envolvidos devem ter em mente que tudo pode e deve ser modificado. Qualquer ponto ou área da empresa é susceptível a mudanças.

Para que esse processo seja implementado, Hammer e Champy (1995) apresentam alguns **princípios básicos da reengenharia**:

- Organizar o trabalho e suas metas em função dos resultados, e não de tarefas.
- Recolher dados apenas uma vez: quando são gerados.
- Incluir pontos de decisão no lugar onde o trabalho é executado.
- Introduzir controles no processo de informação.
- Fazer com que as pessoas que usam o processo executem o trabalho.
- Trabalhar em paralelo em vez de sequencialmente e, depois, integrar os resultados.

O Portal Educação compara a reengenharia com a gestão da qualidade, sendo que os principais pontos a serem considerados nessa discussão são:

- *Reengenharia é a deliberação da organização em melhorar radicalmente. Qualidade é a deliberação da organização em melhorar continuamente.*
- *Reengenharia é uma intervenção cirúrgica. Qualidade é um tratamento homeopático.*
- *Reengenharia é uma metodologia. Qualidade é uma filosofia.*
- *Reengenharia é um recomeçar. Qualidade é um continuar.*
- *Reengenharia é um projeto. Qualidade é um processo.*
- *Reengenharia é prescritiva. Qualidade é colaborativa.* (Herrera, 2006, citado por Reengenharia..., 2021)

4.3 Distinção entre BPR e gerenciamento de processos

Já explicamos o que é BPR. Agora, vamos ver a definição de gerenciamento de processos para que, com isso, percebamos as diferenças entre essas duas áreas do conhecimento.

A **gestão de projetos** envolve a aplicação, os métodos, as habilidades, o conhecimento e a experiência para atingir os objetivos de acordo com as premissas e as expectativas para o projeto. O **gerenciamento de projetos** tem entregas finais restritas a cronogramas e orçamentos preestabelecidos.

Um ponto importante que distingue o gerenciamento de projetos do simples gerenciamento é que enquanto este é um processo contínuo, naquele a entrega final está atrelada a um cronograma. *Grosso modo*, um projeto é temporário porque tem início, meio e fim definidos na linha do tempo e, portanto, escopo e recursos também fixados.

Segundo o Project Management Institute (PMI, 2012), um projeto é único no sentido de que não é uma operação de rotina, mas um conjunto específico de operações destinadas a cumprir um objetivo. Assim, uma equipe de projeto, geralmente, abrange pessoas que não trabalham juntas e, às vezes, pertencem a organizações e localidades diferentes.

O desenvolvimento de *software* para um processo de negócios aprimorado, a construção de um edifício ou ponte, o esforço de socorro após um desastre natural, a expansão das vendas em um novo mercado geográfico, todas essas situações encaixam-se na designação *projetos*. E tudo deve ser gerenciado com habilidade para entregar os resultados dentro do prazo e do orçamento, com o aprendizado e a integração de que as organizações precisam. O gerenciamento de projetos, então, é a aplicação de conhecimentos, habilidades, ferramentas e técnicas às atividades do projeto para atender a seus requisitos.

Sempre foi praticado de modo informal, mas começou a surgir como uma profissão em meados do século XX. O *Guia para o conjunto de conhecimento em gerenciamento de projetos* (Guia PMBOK) do PMI (2012) identifica seus elementos recorrentes.

Os processos de gerenciamento de projetos se dividem em 5 grupos (PMI, 2012):

1. Iniciando.
2. Planejando.
3. Executando.
4. Monitorando e controlando.
5. Fechando.

O conhecimento de gerenciamento de projetos baseia-se em 10 áreas (PMI, 2012):

1. Integração.
2. Escopo.
3. Tempo.
4. Custo.
5. Qualidade.
6. Compras.
7. Humanos.
8. Comunicações.
9. Gerenciamento de riscos.
10. Gerenciamento de partes interessadas.

Toda a administração está preocupada com isso, mas o gerenciamento de projetos traz um foco único, moldado pelas metas, pelos recursos e pelo cronograma de cada projeto. O valor desse foco é comprovado pelo rápido crescimento mundial do gerenciamento de projetos.

4.3.1 Gerente de projeto ou *project manager* (PM)

Não importam os tipos de projetos que gerenciam, os gerentes de projetos (PMs) são os homens e as mulheres na linha de frente dessas empreitadas, defendendo suas equipes, seus clientes e seus projetos contra falhas de comunicação, prazos perdidos, aumento de escopo e quaisquer outras intercorrências. Eles defendem o bem-estar das pessoas envolvidas em seus projetos e procuram tomar ou facilitar decisões estratégicas que sustentem os objetivos delineados.

Essa é uma descrição de trabalho robusta e requer um bom equilíbrio entre o gerenciamento dos detalhes administrativos de um projeto e o pessoal. Embora os PMs muitas vezes acabem ficando "nos bastidores" do projeto, para serem altamente eficazes, precisam fazer parte das conversas e tomadas de decisões sobre o projeto estratégico.

Existem tantas tarefas e qualidades intangíveis de PMs que não é incomum as pessoas não entenderem o que exatamente fazem ou se precisam ou não de um. Eis a questão: sempre se precisa de um PM, seja ele chamado de *produtor*, seja de *gerente de conta* ou *desenvolvedor*.

Funções e responsabilidades do PM

Conforme mencionado, a função e até mesmo o título podem diferir ligeiramente de um lugar para outro, mas os princípios básicos do que um PM faz pelas equipes são bastante consistentes. A função do gerente de projeto envolve muitos conhecimentos, tarefas e responsabilidades, entre elas:

- abordagens tradicionais;
- metodologias ágeis;
- metodologias de gestão de mudança;
- metodologias baseadas em processos;
- planejamento e definição do escopo;
- definição e gerenciamento de expectativas;
- processo de elaboração;

- criação de planos de projeto;
- gerenciamento de tarefas;
- planejamento de recursos;
- estimativa de tempo/custo;
- análise e gerenciamento de riscos e problemas;
- monitoramento e relatórios de *status* do projeto;
- liderança de equipe;
- influência estratégica;
- facilitação de comunicações e colaboração de todos;
- planejamento e facilitação de reuniões de equipe.

Para que o PM possa mostrar suas habilidades, precisa conquistar a confiança e o respeito de suas equipes e ter o aval da alta administração.

Processo de gerenciamento de projetos

Não existe uma maneira única de executar todos os projetos. Você descobrirá que a maioria das organizações passa muito tempo cometendo erros e ajustando sua abordagem até acertar, apenas para descobrir que, quando achavam estar "certas", viram-se obrigadas a fazer novos ajustes.

Fatores como mudanças nas necessidades e nos objetivos do negócio, equipe e experiências novas ou diferentes, evolução ou nova tecnologia, entre outros, estão frequentemente entre os motivos pelos quais os processos precisam ser alterados. No entanto, o mais importante é que uma organização/equipe tenha uma estrutura básica para o funcionamento dos projetos. A maioria dos modelos identifica três fases básicas para organizar as atividades:

1. **Pesquisa, descoberta e planejamento** – Normalmente, uma organização realiza algum nível de pesquisa para determinar a validade de um projeto. Isso pode assumir a forma de pesquisa de mercado, pesquisa de usuário, análises competitivas, entre muitas outras atividades. Essas são as etapas críticas que ajudam a definir metas e requisitos para o que precisa ser projetado ou construído. É também quando uma equipe de projeto pode se reunir para definir

como trabalhará em conjunto e qual será seu plano de execução, levando em consideração todos os fatores externos.
2. **Execução** – Assim que o projeto é planejado, é hora de executá-lo. A execução pode ser realizada de maneiras diferentes, usando processos distintos, como *waterfall*, *agile* ou variantes deles. Essencialmente, o tempo dessa fase destina-se à colaboração, criação, revisão e interação. As equipes fazem parceria com grupos de partes interessadas para apresentar o trabalho, aceitar *feedback* e concluir as entregas mutuamente acordadas. Trata-se da fase de mudanças e, às vezes, de atrasos. Por esse motivo, é o momento em que o PM encontra-se mais ativo.
3. **Teste, medição, iteração** – Depois que um projeto é lançado, é hora de verificar se ele está indo bem em relação a seus objetivos. Em um projeto ágil, um produto mínimo viável (*minimum viable product* – MVP) é lançado para obter *feedback* inicial para iterar. Em projetos em cascata, o produto com recursos completos é lançado e testado. Em ambos os casos, os resultados do teste revelam o que está ou não funcionando para os usuários e as partes interessadas. As equipes analisam os resultados dos testes para alterar ou desenvolver o produto de modo a criar algo que esteja mais próximo desses objetivos. Isso é natural para projetos ágeis, mas não tanto para projetos em cascata, que exigiriam a adição de um projeto novo ou de uma segunda fase (PMI, 2012).

Não há maneira certa ou errada de implantar um processo. O mais importante é que corresponda aos valores e talentos da organização. Fica bastante evidente se não for adequado para uma equipe, porque as pessoas mostram-se infelizes e o trabalho enfrenta problemas. A melhor coisa que se pode fazer é sentar-se com a equipe para discutir o que funciona melhor e por quê. Nesse sentido, é essencial documentar as decisões, implementar um processo e estar aberto para discuti-lo e alterá-lo quando necessário.

Termos de gerenciamento de projeto

O discurso de gerenciamento de projetos pode ser técnico, mas tudo se resume a termos que os mantêm nos trilhos. Aqui está uma lista de termos que todo PM deve saber:

- **Ágil**

    As metodologias ágeis são baseadas na mentalidade de que equipes de desenvolvimento de *software* auto-organizadas podem agregar valor por meio de interação e colaboração. O *Manifesto Ágil para Desenvolvimento de Software* foi formalmente elaborado, em 2001, por 17 profissionais, baseado em um conjunto de princípios de entrega de valor e colaboração com os clientes, que são:

    1. Indivíduos e interações sobre processos e ferramentas.
    2. *Software* que trabalha sobre uma documentação completa.
    3. Colaboração do cliente na negociação do contrato.
    4. Resposta à mudança seguindo um plano.

- **Mudar a gestão**

    Os projetos mudam com frequência, e é função do PM garantir que todos, clientes, equipe e quaisquer outras partes relacionadas, estejam cientes da mudança e de seus impactos. Como o escopo ou os requisitos do negócio mudam durante o projeto, é muito provável que o esforço, o custo associado e o prazo não sejam mais válidos. Nesse caso, o PM deve elaborar um pedido de alteração ou documento de solicitação de mudança para formalizar o intento.

- **Cliente**

    Em um espaço de consultoria, como uma agência de publicidade ou construtora, PMs trabalham com clientes – no meio digital, frequentemente chamados de *usuários* – para construir ou entregar um produto, devendo levá-los em consideração ao elaborar o processo, apresentar o trabalho e obter as aprovações. Ao mesmo tempo, podem buscar agradar esses consumidores com a confecção de um produto.

- **Restrições**

    Restrições são limitações que estão fora do controle da equipe do projeto e precisam ser gerenciadas. Uma restrição pode corresponder a um escopo, orçamento ou cronograma. Os PMs sempre estão cientes dessas restrições, porque é seu trabalho manter os projetos dentro do cronograma e do orçamento.

- **Caminho crítico**

    O caminho crítico é a sequência de estágios que determinam o tempo mínimo necessário para uma operação, especialmente quando analisado em um computador de uma grande organização. É uma técnica formal de gerenciamento de projeto passo a passo que define tarefas críticas e não críticas, a fim de prevenir problemas de cronograma e gargalos de processo.

- **Entregável**

    Uma entrega é qualquer resultado tangível decorrente do projeto, feito ao longo do caminho para obter consenso ou entregue no final como o produto de trabalho final. As entregas incluem *designers* visuais, documentos, planos, códigos, protótipos, projetos, provas, edifícios, aplicativos, *sites*, produtos etc.

- **Gráfico de Gantt**

    Um Gráfico de Gantt é um gráfico no qual uma série de linhas horizontais mostra a quantidade de trabalho realizado ou a produção concluída em determinados períodos em relação à quantidade planejada. TeamGantt é um *software on-line* que produz Gráficos de Gantt para ajudar a controlar tarefas, dependências, recursos e, até mesmo, comunicações do projeto.

- **Meta/objetivo**

    Uma meta, ou objetivo do projeto, é uma declaração documentada da intenção e do resultado do projeto. Metas são usadas para nortear decisões quando se enfrentam encruzilhadas ou pontos de indecisão (ou mesmo aumento de escopo), visto que condicionam o sucesso do projeto.

- **Metodologia**

    As metodologias foram formalizadas e ensinadas por vários anos – incluindo os métodos *waterfall* e *agile*. É bom saber como os métodos foram criados antes de decidir como podem ser adaptados no trabalho em andamento.

    Ao atuar em vários projetos conectados (objetivos, produto, cliente etc.), muitas vezes, referimo-nos a um programa. Esse não é um projeto com entregas, mas realiza um gerenciamento geral para garantir que todos os projetos incluídos tenham um ponto central de comunicação, que fornece consistência e alinhamento para tempo, ritmo e aprovação adequados de todos os projetos interconectados.

- **Projeto**

    Projetos são operações únicas conduzidas para atender a objetivos específicos. Exemplos de projetos podem ser o desenvolvimento de *software* para aumentar a produtividade dos funcionários, a construção de um prédio para hospedar eventos da comunidade ou o *design* de um *site* para diminuir o volume de chamadas para uma empresa.

- **Fases do projeto**

    Para organizar projetos, os PMs estruturam uma série de tarefas ou resultados em fases. Em um projeto de redesenho de *site*, por exemplo, as fases lógicas podem ser definição, *design*, desenvolvimento e implantação.

- **Plano ou cronograma do projeto**

    Os PMs criam planos de projeto para traçar o curso de como um projeto será concluído. Bons planos de projeto mostram o processo geral em fases, resultados e tarefas, juntamente com os detalhes correspondentes sobre quem é o responsável, as datas em que o trabalho começará e terminará e quaisquer notas relevantes para cada tarefa. O plano é uma forma de comunicação e, sem dúvida, uma das entregas mais importantes de um projeto, pois detalha o que deve estar acontecendo a qualquer momento durante o curso de um projeto. Você pode encontrar muitos exemplos de planos e modelos no *site* TeamGantt.

- **Requisitos**

    Os requisitos são essenciais para se fazer um projeto bem-feito, uma vez que são frequentemente incluídos em um escopo de trabalho detalhado e definem como o produto deve agir, aparecer e funcionar dentro dos objetivos declarados.

O que é

Recursos são as pessoas que realizam o trabalho nos projetos. Um termo melhor aqui seria *equipe*. Nesse contexto, você verá ou ouvirá sobre "planos de recursos", que são criados para garantir que a equipe seja devidamente designada aos projetos e não seja super ou subutilizada. Uma maneira simples de resolver isso é usar a funcionalidade de recursos no TeamGantt, que permite atribuir tarefas às pessoas e estimar o tempo necessário para concluí-las.

- **Risco**

    Quando os PMs falam sobre *risco*, pensam em possíveis problemas ou eventos que fazem com que as coisas deem errado, junto com a probabilidade de o evento ocorrer e como isso afetará o projeto como um todo. Uma boa maneira de manter uma equipe atenta aos riscos potenciais é adicionar um registro de riscos e problemas, ou uma lista deles, e um plano de mitigação, em um relatório de *status* regular.

- **Escopo**

Um escopo descreve em detalhes o que será e o que não será incluído em um projeto, definindo o que será ou não entregue. Por exemplo, em uma organização de consultoria, como uma agência de publicidade, isso se concretizará em um documento formalizado. Ao trabalhar para uma equipe interna, pode assumir a forma de um *briefing* ou, até mesmo, ser menos formalizado, como um *e-mail*.

- *Stakeholder*

As partes interessadas são as pessoas que têm um engajamento real no resultado do projeto. Podem ser internos ao projeto (pense em *marketing*, TI e outros departamentos), como também externos (fornecedores, investidores, parceiros etc.). Os PMs trabalham com grupos de partes interessadas para garantir que estejam cientes do desenvolvimento do projeto e sejam parte do processo de tomada de decisão, quando necessário.

Como é possível identificar, o gerenciamento de projetos é uma metodologia e cultura de como gerenciar projetos, seguindo as boas práticas apresentadas pelo PMBOK (PMI, 2012). O escopo, segundo o PMBOK (PMI, 2012), trata da descrição das premissas, dos objetivos que o projeto irá alcançar; o entregável, por sua vez, trata das fases finalizadas do projeto, já entregues; e os *stakeholders* referem-se às partes envolvidas no projeto, todos que estão esperando algo do projeto e, principalmente, os investidores.

4.4 Ciclo PDCA

O ciclo PDCA (*plan-do-check-act cycle*) foi desenvolvido originalmente por Walter Shewart, na década de 1920, mas ganhou notoriedade com Edwards Deming na década de 1950. Deming é autor dos famosos princípios do gerenciamento da qualidade total (*total quality management* – TQM). Seguem alguns desses princípios:

- Deve haver constância de propósitos para a melhoria do produto e do serviço.
- A qualidade do produto nasce no estágio inicial.
- As pessoas devem trabalhar em equipe, sem barreiras entre os departamentos, de modo que possam prever problemas e soluções.
- O processo de melhoria é de competência de todos.

O PDCA é um método de gestão que propõe uma abordagem organizada e lógica para a resolução de problemas ou o acompanhamento de um processo. Tem o propósito de orientar, de forma simples e com segurança, as etapas de preparação e execução de atividades predeterminadas para atingir o sucesso no aprimoramento, na implantação de um processo ou na solução de problemas. O ciclo de aprimoramento contínuo do processo é composto por quatro **etapas**, associadas à sigla PDCA, oriunda do inglês, como se vê a seguir:

1. **P** (*plan*) – Planejar.
2. **D** (*do*) – Executar.
3. **C** (check) – Verificar / controlar.
4. **A** (*act*) – Agir / aprimorar.

Observe a Figura 4.1 e acompanhe, a seguir, a descrição de cada uma dessas etapas.

Figura 4.1 – Ciclo PDCA

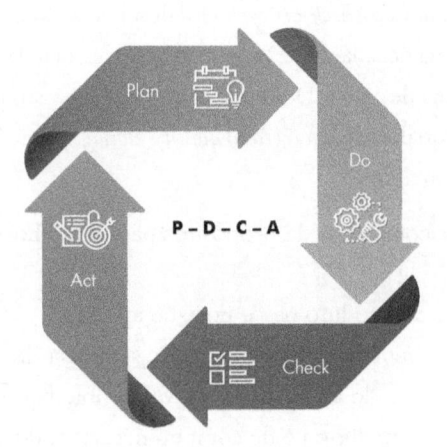

- **Plan** – A etapa *planejar* tem por objetivo criar um plano, que pode ser um cronograma, um gráfico ou um conjunto de padrões. Essa etapa subdivide-se em alguns passos:

1. **Definir metas** (o que fazer), que devem ser:
    - claras, ou seja, entendidas da mesma forma por todos;
    - exequíveis, isto é, algo cuja execução seja possível;
    - mensuráveis, isto é, algo que pode ser medido.
2. **Definir o método** (como fazer) – Nesse passo, é necessário definir também quem vai fazer, quando, onde, quanto e por quê. Pode ser seguido o método que pergunta: *when, who, what, where* e *how*, conhecido como *5W1H*.
3. **Executar** – As tarefas devem ser executadas exatamente como o previsto na fase de planejamento, assim como a coleta de dados para a verificação do processo. Nessa etapa, é essencial que os profissionais estejam treinados e aptos a executar as tarefas preestabelecidas e coletar os dados de forma correta.

4. **Verificar ou controlar** – Momento em que se comparam os dados coletados na fase de execução com os resultados obtidos a partir da meta planejada.
5. **Agir ou aprimorar** – Nessa etapa, a equipe que está trabalhando com a metodologia do PDCA deve cuidar para que os resultados sejam consolidados, caso estejam de acordo com o planejado. Se algum problema tiver sido localizado durante o *plan*, **ações corretivas** devem ser propostas.

- *Do* – A etapa *executar* significa educar e treinar as pessoas envolvidas nos métodos a serem utilizados e colocar o plano em prática.
- *Check* – A etapa *verificar* envolve observar a situação e analisar se os resultados do trabalho executado estão progredindo em direção à meta. Consiste na avaliação da eficácia do gerenciamento da manutenção por intermédio de controle.
- *Act* – A etapa *agir* implica conferir se os resultados não estão progredindo em direção à meta, atuar no processo em função dos resultados obtidos ou, se possível, aprimorar os resultados.

Quando os resultados obtidos estão de acordo com o planejado e se deseja consolidá-los, surge o ciclo Padronizar, Executar, Verificar/Controlar, Agir/Aprimorar (ou *standardize, do, check, act* – SDCA). A constante interação do ciclo PDCA com o ciclo SDCA possibilita a chamada *melhoria contínua*, ou **Kaizen** (Almeida, 2018).

Perguntas & respostas

O que é *Kaizen*?

A palavra *Kaizen* tem origem japonesa e divide-se em duas partes: *kai* (mudar) + *zen* (melhor). Assim, em tradução literal, podemos dizer que significa "mudar para melhor". Com o tempo, a palavra acabou adquirindo o significado de uma expressão bastante utilizada na indústria: *melhoria contínua*.

O *Kaizen*, assim como grande parte dos conceitos presentes na gestão da qualidade, foi criado nas fábricas do Japão pós-guerra, quando a eficiência e a produtividade eram essenciais para a sobrevivência da indústria japonesa. O *Kaizen* propõe uma mudança de mentalidade e comportamento em todos os níveis, desde o pessoal até o profissional. Sendo assim, está centrado nas pessoas, uma vez que são elas que executam as ações da organização.

Os principais objetivos dessa metodologia são:

- aumentar a produtividade;
- eliminar os desperdícios de recursos;
- reduzir o *setup* da produção;
- reduzir os estoques;
- envolver todas as pessoas na melhoria dos processos;
- incentivar a gestão à vista.

Para saber mais

Para aprender mais sobre o *Kaizen*, confira o texto a seguir:

KAIZEN INSTITUTE. **What is Kaizen**. Disponível em: <https://www.kaizen.com/what-is-kaizen.html?utm_source=blogdaqualidade&utm_medium=kaizen#definition_kaizen>. Acesso em: 22 abr. 2021.

O ciclo PDCA e a solução científica de problemas também são conhecidos como sistemas para o desenvolvimento de pensamento crítico. Na empresa japonesa Toyota, e em outras empresas enxutas, por exemplo, entende-se que os envolvidos em um grupo de trabalho com o ciclo PDCA são mais capazes de inovar e de ficar à frente da concorrência por meio de um rigoroso método de resolução de problemas. Isso também cria uma cultura de solucionadores de problemas utilizando o ciclo PDCA, bem como uma cultura de pensadores críticos.

E, vamos concordar, os profissionais envolvidos em um processo de reengenharia de processo nada mais são do que solucionadores de problemas. Logo, se conseguirmos incutir essa cultura em uma equipe, poderemos ter resultados surpreendentes. É importante conhecer bem a ferramenta que estamos usando. Então, vamos compreendê-la melhor na sequência.

4.4.1 Quando utilizar?

O PDCA é uma ferramenta muito versátil que pode ser utilizada em diferentes situações. No contexto empresarial, o PDCA é muito aplicado para:

- **Melhoria de processos** – Organizar e refinar um processo e suas atividades.
- **Tratativa de não conformidades** – Organizar a tratativa de não conformidades, evoluindo o processo e, consequentemente, tornando-o mais eficiente.
- **Desenvolvimento de um novo produto** – As etapas do PDCA podem servir como base para construir, de forma sistematizada, um novo produto. Utilizando-se o PDCA durante essa construção, é mais fácil considerar o que é preciso para que o produto atenda aos padrões de qualidade.
- **Implantação de padrões** – A utilização do PDCA ajuda na padronização efetiva, pois, passando-se por todas as etapas do ciclo, pode-se saber se a implantação de um padrão foi eficaz ou se é necessário retornar ao início do ciclo e realizar mudanças no que havia sido definido.

4.4.2 Como fazer?

Para fazer um PDCA, devem-se seguir as quatro etapas presentes na metodologia, de forma sistêmica e rigorosa, para que, se, ao final do ciclo, o resultado esperado não for atingido, ele seja reiniciado. Não há restrições quanto à quantidade de vezes que o ciclo pode ser executado; porém, ter atenção durante sua condução é fundamental para que algum resultado, por menor que seja, possa ser alcançado.

O maior desafio durante o uso da ferramenta é não permitir que sua utilização seja "engolida" pela rotina de trabalho, por exemplo, realizando-se a etapa de planejamento com pressa por falta de tempo. O problema disso é que, se qualquer uma das etapas falhar, a ferramenta não funcionará. Isso acontece porque as etapas são totalmente dependentes umas das outras. Dessa forma, é necessário realizar cada etapa do ciclo com dedicação e despender o tempo que for necessário a cada uma delas.

4.4.3 Erros mais cometidos na aplicação do PDCA

Por mais simples que pareça, aplicar o PDCA não é uma tarefa trivial. Alguns erros são comumente cometidos durante a aplicação do método. São eles:

- **Análise superficial** – É comum, durante a etapa de planejamento, que a ansiedade por resolver rapidamente o problema ou a vontade de colocar em prática as ideias atrapalhem na hora de se analisar o problema. O melhor a fazer nesse cenário é contar com ferramentas de apoio (5 Porquês, Diagrama de Ishikawa e 5W2H, por exemplo) e realizar o planejamento em grupo, envolvendo pessoas que têm contato direto com o problema abordado. Assim, diferentes percepções serão levantadas e poderão ser consideradas.
- **Falta de qualificação** – É importante que seja checado se há a necessidade de alguma qualificação para a execução do que foi planejado. Não adianta idealizar um plano de ação incrível se as pessoas que irão executar as ações não têm o conhecimento necessário ou experiência para isso. Então, é importante considerar os pré-requisitos

e a necessidade de capacitação da equipe durante a construção do planejamento.

- **Verificação imprecisa**: ao avaliar e verificar os resultados do que foi executado, é importante que os critérios escolhidos sejam realistas e muito claros. Muitas vezes, os resultados, tanto positivos quanto negativos, ficam mascarados porque os controles e as formas de avaliação não são escolhidos adequadamente. Quando isso acontece, a aplicação do PDCA falha, uma vez que os resultados da etapa de verificação são a entrada para etapa posterior, o agir/atuar.

Para saber mais

Saiba mais sobre o ciclo PDCA acessando:
NAPOLEÃO, B. M. PDCA. 3 out. 2018. Disponível em: <https://ferramentasdaqualidade.org/pdca/>. Acesso em: 22 abr. 2021.

4.4.4 Implantação do ciclo PDCA

O ciclo PDCA é uma ferramenta muito poderosa para conduzir a organização em direção à melhoria contínua e, quando aplicado corretamente, pode resultar em grandes aumentos na produtividade geral da empresa. No entanto, deve-se ter cuidado para que cada etapa seja realizada de forma correta e de acordo com o contexto atual da empresa.

Embora o sistema PDCA seja bastante flexível, deve ser adaptado corretamente para cada implementação, caso contrário, obtêm-se resultados ruins a longo prazo. Vamos rever cada etapa e verificar como precisam ser aplicadas na implementação.

1. *Plan* – Essa é a fase em que se devem determinar os objetivos exatos da organização e quais resultados se espera alcançar com a implementação do PDCA a curto e longo prazos. É importante que as expectativas sejam estabelecidas com clareza, de forma que seja possível dar passos concretos para a realização de cada uma, em vez de buscar metas vagas e definidas de maneira abstrata.

A fase de planejamento também deve levar em consideração quaisquer iterações de PDCA anteriores, garantindo que não se repitam os mesmos erros da última vez. Isso torna importante ter sistemas de coleta de dados adequados, mesmo que a maneira exata como isso será feito dependa do trabalho específico que a organização realiza.

2. **Do** – Agora é a hora de colocar esses planos em ação. Essa etapa é relativamente direta e, desde que os planos tenham sido projetados com atenção aos detalhes e flexibilidade suficiente ante possíveis mudanças nos requisitos, é simples de ter seu passo a passo realizado. Não deve haver complicações inesperadas aqui, mas isso dependerá de como foi desenvolvida a etapa de planejamento.

3. **Check** – É crucial que os resultados do ciclo PDCA sejam verificados de acordo com as expectativas iniciais delineadas na etapa de planejamento, bem como os dados antigos coletados de ciclos anteriores. Nessa etapa, o ideal é obter o máximo de informações possível de todos os níveis da empresa, não apenas de executivos de alto nível ou pessoas desses círculos. Todos os funcionários, provavelmente, terão alguma contribuição valiosa a fornecer sobre a iteração atual do ciclo PDCA. Ignorar as informações adicionais é uma das maneiras mais rápidas de interromper completamente o progresso da empresa.

4. **Act** – Agora é hora de fazer as mudanças adequadas em toda a organização em preparação para a próxima execução de PDCA. Por isso, é tão importante coletar o máximo de dados possível durante a fase de fazer (*do*) e submetê-los a uma análise completa na fase de verificação (*check*).

Deixar de fazer qualquer uma das etapas anteriores corretamente poderá criar uma situação com poucas informações para tomar uma decisão informada na fase de agir (*act*), e isso pode deixar todo o processo PDCA sem nenhum efeito.

Algumas das ações dessa fase podem ser revertidas posteriormente, dependendo de como elas afetam toda a organização. Só porque uma certa mudança na estrutura da empresa faz sentido em nível local durante a execução do projeto atual, não significa que obterá bons resultados em toda a linha.

Esse processo é flexível e pode ser facilmente adaptado a vários ambientes, mas depende muito do trabalho com os conjuntos de dados corretos e da capacidade de ver o quadro geral da organização.

Síntese

Neste capítulo, mostramos que:

- O BPR, normalmente, causa uma grande mudança na organização. A reengenharia utiliza novos métodos e processos que serão aplicados pelas organizações.
- A execução de um projeto de reengenharia é uma tarefa que apresenta muitos desafios. A equipe responsável por esse projeto deve saber que tudo, ou quase tudo, será reestruturado, ou seja, todas as áreas da empresa estão susceptíveis a mudanças.
- A gestão de projetos é uma forma de aplicar conhecimentos específicos, métodos, habilidades e experiência dos profissionais da equipe com o intuito de atingir os objetivos do projeto, sempre de acordo com as premissas e as expectativas predefinidas. O projeto tem entregas atreladas a cronogramas e orçamentos predeterminados.
- O PDCA é uma metodologia que proporciona uma forma organizada e lógica para a solução de problemas ou, até mesmo, o acompanhamento de um projeto. Essa proposta procura orientar, de forma clara, as etapas de preparação e execução das ações preestabelecidas, buscando assim atingir o aprimoramento na implantação de um processo ou na resolução de um problema.
- O ciclo de aprimoramento contínuo do processo é composto por quatro etapas (PDCA): P (*plan*): planejar; D (*do*): executar; C (*check*): verificar/controlar; A (*act*): agir/aprimorar.

Questões para revisão

1. Conforme Hammer e Champy (1995), a reengenharia deve ser desenvolvida em seis passos importantes. Leia a afirmativa a seguir e identifique a que passo ela corresponde:

   É preciso promover o *benchmarking* para descobrir alternativas eficazes e inovadoras. A análise interna do processo pode levar a grandes melhorias, mas a reengenharia inovadora só é praticada fazendo-se *benchmarking* de processos semelhantes aos das melhores organizações.

   a. Passo 1.
   b. Passo 2.
   c. Passo 3.
   d. Passo 4.
   e. Passo 5.

2. Sobre os aspectos do gerenciamento de projetos, relacione as duas colunas a seguir:

   I. Entregável
   II. *Stakeholders*
   III. Escopo

   ( ) São as partes interessadas, que têm participação real no resultado do projeto.
   ( ) Define o que o projeto vai entregar e o que não vai entregar.
   ( ) É qualquer resultado tangível produzido pelo projeto ao longo do caminho, para obter consenso, ou ao final, como produto do trabalho.

   Assinale a alternativa que contém a sequência correta:

   a. I, II, III.
   b. II, I, III.
   c. III, II, I.

d. III, I, II.
e. II, III, I.

3. Sobre as fases do PDCA e seus respectivos nomes, relacione as duas colunas a seguir:

I. *Plan*
II. *Do*
III. *Check*
IV. *Act*

( ) Momento de fazer as mudanças adequadas em toda a organização, em preparação para a próxima execução de PDCA.

( ) Essa etapa é relativamente direta e, desde que os planos tenham sido projetados com atenção aos detalhes e flexibilidade suficiente ante possíveis mudanças nos requisitos, é simples de ter seu passo a passo realizado.

( ) Nesse momento, é crucial que os resultados do ciclo PDCA sejam verificados de acordo com as expectativas iniciais delineadas na etapa de planejamento, bem como com os dados coletados em ciclos anteriores.

( ) Essa é a fase em que se devem determinar os objetivos exatos da organização e quais os resultados a serem alcançados com a implementação do PDCA a curto e longo prazos.

Assinale a alternativa que contém a sequência correta:

a. I, II, III, IV.
b. IV, II, III, I.
c. III, II, IV, I.
d. IV, III, I, II.
e. IV, III, II, I.

Benchmarking

Conteúdos do capítulo

- Conceito, tipologia e aplicação de *benchmarking*.
- Reconhecimento da concorrência.
- Aliança entre *business intelligence* (BI) e *marketing*.

Após o estudo deste capítulo, você será capaz de:

1. definir e diferenciar *benchmarkings*;
2. relacionar BI e *benchmarking*;
3. descrever as etapas de implementação de *benchmarking*.

capítulo 5

Neste capítulo, trataremos do *benchmarking*. Entenderemos seu conceito, um pouco da história e onde aplicá-lo.

O *benchmarking* é baseado em uma filosofia de melhoria contínua, em que todos são incentivados a melhorar a forma como as coisas são feitas. Ele fornece uma maneira sistemática de estudar as práticas de negócios e aprender com outras organizações.

Diversas organizações no mundo vêm utilizando e realizando o *benchmarking* em busca do que há de melhor no mercado e em sua área de atuação. Assim, aprendem com outras empresas "atalhos" ou caminhos já trilhados para evoluir e melhorar os processos, as atividades e os produtos que comercializam (Leibfried; Mcnair, 1994).

O *benchmarking* é uma ferramenta poderosa quando aplicada corretamente. Com uma equipe de profissionais dedicados e capacitados para sua realização, a organização com certeza irá colher muitos frutos e incrementar conhecimento a seus processos.

5.1 Conceito de *benchmarking*

O *benchmarking* já existe há muito tempo, mas se tornou popular no final da década de 1980, quando as organizações que utilizavam o processo demonstraram seus benefícios, alcançando avanços significativos no desempenho.

A origem linguística e metafórica do *benchmarking* está no uso do termo pelo agrimensor, profissional da área de conhecimento de agrimensura, em que um *benchmark* era uma marca distintiva feita em uma rocha, parede ou edifício. Nesse contexto, um *benchmark* serviu de ponto de referência na determinação da posição ou altitude em levantamentos topográficos e observações de marés. Em termos mais gerais, um *benchmark* era, originalmente, um ponto de observação a partir do qual as medições podiam ser feitas ou um padrão com o qual outras medições poderiam ser realizadas, segundo Warner (2012).

Vamos ver como alguns profissionais, citados em Bogan e English (2014), conceituaram *benchmarking*:

- **Um processo para medir** rigorosamente o desempenho da empresa em comparação com as melhores empresas da classe e, assim, usar essa análise para atender e superar as melhores da classe (Kaiser Associates, uma empresa de consultoria de gestão que promove ativamente o *benchmarking*).
- **Um padrão de excelência** ou realização com o qual outras coisas semelhantes devem ser medidas ou julgadas (Sam Bookhart, ex-gerente de *benchmarking* da DuPont Fibers).
- **A busca pelas melhores práticas** da indústria que levam a um desempenho superior (Robert C. Camp, gerente e um dos principais especialistas em *benchmarking* da Xerox Corporation).

Para saber mais

Robert C. Camp é autor do livro *Benchmarking: the Search for Industry Best Practices,* publicado em 2006. Vale a pena ler para conhecer mais sobre o assunto.

O que é

O *benchmarking* é o processo de medir o desempenho dos produtos, serviços ou processos de uma empresa em comparação com os de outra empresa ou negócio considerados os melhores na indústria ou no mercado em análise. Isso pode implicar ajustar os recursos de um produto para corresponder mais de perto à oferta de um concorrente, alterar o escopo dos serviços oferecidos ou instalar um novo sistema de gerenciamento de relacionamento com o cliente (*Customer Relationship Management* – CRM) para permitir comunicações mais personalizadas.

Existem dois tipos básicos de oportunidades de melhoria: contínua e dramática. A melhoria contínua é incremental, envolvendo apenas pequenos ajustes para colher avanços consideráveis. Uma melhoria dramática, por sua vez, só pode ocorrer por meio da reengenharia de todo o processo de trabalho interno (Bogan; English, 2014).

Assim como a filosofia da melhoria contínua, o *benchmarking* também segue essa premissa, em que todos os envolvidos são incentivados a melhorar a forma e os processos de como as coisas são feitas, possibilitando o estudo das práticas de negócios de forma sistemática, sempre aprendendo com outras organizações.

O *benchmarking* pode ser interno, ou seja, dentro da organização, ou externo, dentro do mesmo ou em diferentes setores, com concorrentes ou não.

As **principais razões** pelas quais as organizações realizam *benchmarking* são:

- obter maior compreensão dos processos;
- tomar consciência das melhores práticas;
- atender melhor às necessidades dos clientes;
- melhorar o desempenho e se tornar mais competitiva (Warner, 2012).

O *benchmarking* é o processo sistemático de busca das melhores práticas, ideias inovadoras e procedimentos operacionais altamente eficazes que levam a um desempenho superior ou maior que o já atingido. Não se pode esperar que apenas um indivíduo, uma equipe ou uma unidade operacional, não importa o quão criativos ou bem-qualificados sejam, possa gerar toda a inovação esperada para uma organização. Nenhum departamento ou empresa pode conquistar o mercado apenas com boas ideias. Diante dessa realidade que reconhece as limitações humanas, faz todo sentido considerar a experiência já existente no mercado. Aqueles que sempre fazem tudo sozinhos correm o risco de tentar reinventar a roda constantemente, pois não aprendem e não se beneficiam do progresso já alcançado e testado por outros.

Ao estudar, sistematicamente, as melhores práticas de negócios, táticas operacionais e estratégias vencedoras de outras empresas, um indivíduo, uma equipe ou uma organização pode acelerar seu próprio progresso (Leibfried; Mcnair, 1994).

5.2 História de *benchmarking*

A história da adaptação inovadora é indiscutivelmente tão antiga quanto a humanidade. Por milênios, as pessoas observaram boas ideias ao seu redor e as adaptaram para atender às suas necessidades e situações.

Fred D. Bowers (citado por Bogan; English, 2014), gerente do programa de *benchmarking* da Digital Equipment Corporation, pensa que "a segunda pessoa a acender uma fogueira" é o primeiro *benchmarking* da humanidade. A lógica de Bowers entende que o segundo iniciador do fogo o observou primeiro e, então, tomou emprestada a prática (Bogan; English, 2014).

Exemplo prático

Em 1800, as fábricas têxteis britânicas eram as melhores do mundo. Em contraste, as fábricas americanas ainda estavam na infância quando se tratava de produzir todos os tipos de produtos nessa área.

Francis Lowell, um industrial da Nova Inglaterra, decidiu mudar essa situação atualizando a tecnologia de negócios nos Estados Unidos. Lowell viajou para a Inglaterra, onde estudou as técnicas de fabricação e desenho industrial de renomadas fábricas britânicas. Ele viu que essas fábricas tinham equipamentos muito mais sofisticados, mas seus *layouts* não utilizavam efetivamente a mão de obra. Em suma, havia espaço para melhorias.

Em 1815, Lowell construiu uma fábrica que empregava grande parte da tecnologia das fábricas britânicas, mas foi projetada para ser muito menos trabalhosa. Foi um exemplo esplêndido de adaptação inovadora. Em 1820, esse centro da fábrica de têxteis ficou conhecido como *Lowell*, Massachusetts. Em 1840, apenas duas décadas depois, Lowell havia crescido e se tornado a segunda maior cidade da América do Norte e o maior complexo industrial do país. Esse crescimento dinâmico foi amplamente alimentado pela visão de um homem e sua capacidade de adaptar criativamente as práticas observadas nas melhores fábricas do mundo.

Fonte: Bogan; English, 2014, p. 2, tradução nossa.

O *benchmarking* tem amplas aplicações em resolução de problemas, planejamento, definição de metas, melhoria de processos, inovação, reengenharia, definição de estratégias, entre vários outros contextos. Resumindo seu objetivo, podemos dizer que é uma habilidade empresarial fundamental que apoia a excelência em qualidade.

Na década de 1970, o conceito de *benchmarking* evoluiu para além de um termo técnico que significa um ponto de referência. A palavra migrou para o léxico dos negócios e passou a significar o **processo de medição pelo qual é possível realizar comparações**.

No início da década de 1980, a Xerox Corporation, líder em *benchmarking*, referia-se ao processo em termos bastante restritos, que se concentravam, principalmente, nas comparações com os concorrentes principais. "*Benchmarking* é o processo contínuo de medição de produtos, serviços e práticas em relação aos concorrentes mais difíceis ou às empresas reconhecidas como líderes do setor", observou o ex-CEO da Xerox David Kearns (citado por Bogan; English, 2014, p. 12, tradução nossa).

Durante a década de 1980, essa definição cresceu em escopo e foco. Não eram mais os objetos métricos ou *benchmarks* de interesse primário, referindo-se, agora, à atividade de divulgação de comparar-se com os outros.

Ao expor organizações e pessoas a novas ideias e abordagens, a experiência de *benchmarking*, frequentemente, estimula *insights* extraordinários. O que é realmente notável é que o *benchmarking* não foi adotado como um processo de negócios fundamental e habilidade antes, mas somente no final dos anos 1980 e no início dos anos 1990 (Bogan; English, 2014).

5.3 Diferença entre *benchmark* e *benchmarking*

Benchmarks, em contraste com o *benchmarking*, são medidas para avaliar o desempenho de uma função, operação ou negócio em relação aos outros. Na indústria de eletrônicos, por exemplo, um *benchmark* se refere a uma estatística operacional que permite comparar seu próprio desempenho com o de outro ou com um padrão do setor. As estatísticas operacionais empregadas como *benchmarks* fornecem comparações incompletas. Em certo sentido, são superficiais, visto que chamam a atenção para as lacunas de desempenho sem oferecer nenhuma evidência ou explicação do motivo de essas lacunas existirem.

Às vezes, as lacunas de desempenho reveladas por meio de comparações de *benchmarks* podem refletir diferenças significativas em sistemas operacionais e procedimentos. Em outras ocasiões, as variações de *benchmark* podem refletir diferenças na maneira como diversas organizações rastreiam e medem o desempenho de seus sistemas. As causas básicas das diferenças operacionais geralmente não podem ser discernidas apenas pelos *benchmarks*.

Figura 5.1 – Relação entre as etapas de *benchmark* e *benchmarking*

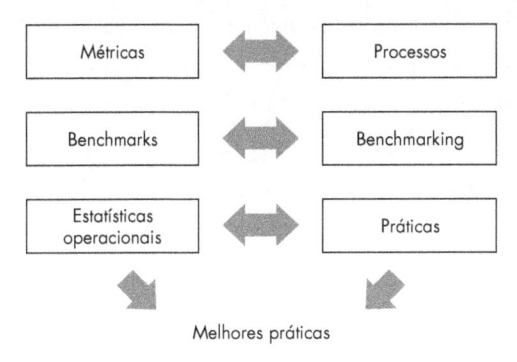

| Métricas | ⇔ | Processos |

| Benchmarks | ⇔ | Benchmarking |

| Estatísticas operacionais | ⇔ | Práticas |

⇩ ⇩

Melhores práticas

Fonte: Bogan; English, 2014, p. 15, tradução nossa.

Já *benchmarking* é o processo real de investigação e descoberta que enfatiza os procedimentos operacionais como as coisas de maior interesse e valor. Consequentemente, o *benchmarking* pode ser descrito como o processo de busca e estudo das melhores práticas internas e externas que produzem desempenho superior. Esse desempenho é medido por indicadores financeiros e não financeiros.

O *benchmarking* de melhores práticas inclui, mas não se limita a isso, o estudo de *benchmarks* estatísticos, podendo ser aplicado em muitos níveis da organização e em contextos diferentes.

Os benefícios do *benchmarking* foram bem reconhecidos em certas indústrias e áreas operacionais. Por exemplo, muitos projetos de *benchmarking* têm como alvo funções técnicas críticas, como distribuição e logística, faturamento, entrada e cumprimento de pedidos e treinamento. No entanto, o *benchmarking* também é um conceito de negócio avançado, com aplicativos de gerenciamento geral para funções de alto nível, como planejamento estratégico, reestruturação, gerenciamento financeiro, planejamento de sucessão e gerenciamento de fornecedores e *joint ventures* (Bogan; English, 2014).

Vamos ver a diferença entre *benchmarks* e *key processes indicators* (KPIs):

- Os *benchmarks* **são pontos de referência** usados para comparar seu desempenho com o de outros. Esses *benchmarks* podem contrastar processos, produtos ou operações, e as comparações podem ocorrer em relação a outras partes do negócio, empresas externas (como concorrentes) ou melhores práticas do setor. O *benchmarking* é comumente utilizado para comparar a satisfação do cliente, os custos e a qualidade.

- Os **KPIs**, por outro lado, são ferramentas de tomada de decisão e monitoramento utilizadas para rastrear o desempenho em relação aos objetivos estratégicos. Em outras palavras, os KPIs traçam se um indivíduo, um projeto, uma equipe, uma unidade de negócios ou toda a empresa está no caminho certo para atingir seus objetivos. Os KPIs são como um sistema de alerta precoce, sinalizando onde as coisas podem estar saindo do curso e onde uma ação pode ser necessária.

Portanto, no uso de KPIs, compara-se o progresso com uma meta específica. Quando se usam *benchmarks*, o progresso é comparado com outras ferramentas, isto é, realiza-se *benchmarking* para colocar os próprios KPIs em contexto e definir metas para eles. Ambos – KPIs e *benchmarks* – são usados para identificar oportunidades de melhoria do desempenho.

5.4 Tipos de *benchmarking*

Agora, vamos aprender mais sobre essa área de conhecimento. Veremos os três tipos primários de *benchmarking*, utilizados frequentemente na indústria e em negócios no mundo.

Figura 5.2 – Três tipos primários de *benchmarking*

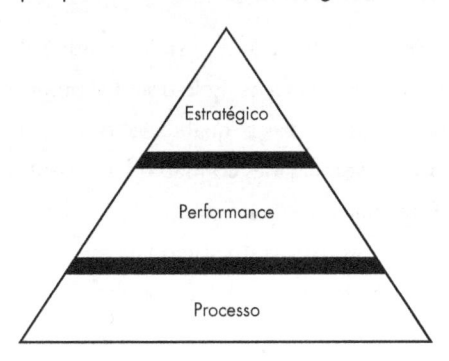

```
        /\
       /  \
      /Estratégico\
     /━━━━━━━━\
    / Performance \
   /━━━━━━━━━━\
  /   Processo    \
 /_____\
```

Fonte: Bogan; English, 2014, p. 19, tradução nossa.

Benchmarking de processos

A avaliação comparativa de processos se concentra em processos de trabalho e sistemas operacionais distintos, como os processos de reclamação do cliente, de faturamento, de pedido e cumprimento, de recrutamento e de planejamento estratégico.

Essa forma de *benchmarking* busca identificar as práticas operacionais mais eficazes de muitas empresas que desempenham funções de trabalho semelhantes. Nos últimos anos, esse tipo cresceu nos Estados Unidos. Muitas histórias de sucesso do *benchmarking* estadunidenses atrelam-se ao *benchmarking* de processos. Seu poder está em sua capacidade de produzir resultados financeiros.

Se uma organização aprimora um processo central, por exemplo, ela pode entregar melhorias de desempenho rapidamente. Essas melhorias de desempenho podem ser calculadas por meio de aumento de produtividade, redução de custos ou aumento de vendas, mas seu efeito líquido, frequentemente, traduz-se em melhores resultados financeiros de curto prazo. Por esse motivo, os gerentes estadunidenses, buscando melhorias de desempenho, adotam o *benchmarking* de processos.

Benchmarking de desempenho

Permite que os gerentes avaliem suas posições competitivas por meio de comparações de produtos e serviços. Esse tipo de *benchmarking* geralmente se concentra em elementos de preço, qualidade técnica, produtos auxiliares ou recursos de serviço, velocidade, confiabilidade e outras características de desempenho. Engenharia reversa, comparações diretas de produtos ou serviços e análises de estatísticas operacionais são as principais técnicas aplicadas durante o *benchmarking* de desempenho.

Os setores automotivo, de informática, de serviços financeiros e de fotocopiadoras, entre outros, regularmente empregam *benchmarking* de desempenho como ferramenta competitiva padrão.

Benchmarking estratégico

Em termos gerais, o *benchmarking* estratégico examina como as empresas competem e raramente é focado na indústria. Percorre diversos setores, buscando identificar as estratégias vencedoras que permitiram que empresas de alto desempenho tivessem sucesso em seus mercados.

Numerosas empresas japonesas são excelentes *benchmarks* estratégicas. Um consultor de gestão, sediado nos Estados Unidos, porém especializado em trabalhar com empresas japonesas que operam nos Estados Unidos, conta a seguinte história:

> *Meus clientes começam perguntando: "Quais empresas são realmente boas?" Em seguida, organizamos uma viagem em que o presidente ou CEO do meu cliente irá visitar essas empresas realmente boas. Ao contrário das empresas americanas, que começam um projeto de benchmarking determinando qual atividade ou processo específico desejam examinar, meus clientes japoneses estão interessados em lições fundamentais e estratégias de vitória. Eles se sentem como se já entendessem seus processos.* (Bogan; English, 2014, p. 20, tradução nossa)

Não é surpreendente que as empresas japonesas, que caracteristicamente se concentram em horizontes de tempo de longo prazo, estejam mais interessadas em *benchmarking* estratégico.

O *benchmarking* estratégico influencia os padrões competitivos de longo prazo de uma empresa. Consequentemente, os benefícios podem se acumular lentamente. As organizações que buscam benefícios de curto prazo, como aqueles refletidos nos relatórios de desempenho trimestrais, geralmente descobrem que o *benchmarking* de processos produz resultados de forma mais rápida (Bogan; English, 2014).

Vejamos, agora, a diferença entre *benchmarking* interno e externo:

- **Benchmarking interno** – Compara métricas (*benchmarking* de desempenho) e práticas (*benchmarking* de processo) de diferentes unidades, linhas de produtos, departamentos, programas, geografias, entre outros, porém, tudo dentro da organização.

Nesse caso, são analisadas pelo menos duas áreas dentro da organização que compartilham métricas, KPIs e práticas. Quando essas áreas são analisadas e comparadas, é possível verificar as melhores práticas de cada área, assim criando exemplos de como agir, executar e gerenciar certas atividades.

O *benchmarking* interno, portanto, é um bom ponto de partida para entender o padrão atual de desempenho dos negócios. Ele se aplica, principalmente, às grandes organizações, em que certas áreas do negócio são mais eficientes do que outras.

- **Benchmarking externo** – Compara as métricas e práticas de uma organização com uma ou várias outras.

Para esse tipo de *benchmarking* personalizado, é preciso que uma ou mais organizações concordem em participar. Também se pode precisar de um terceiro para facilitar a coleta de dados. Essa abordagem pode ser muito valiosa, mas geralmente requer muito tempo e esforço. Desse tipo de *benchmarking* se obtém uma compreensão objetiva do estado atual da organização, o que permite definir linhas de base e metas de melhoria (Bogan; English, 2014).

5.5 Relação entre *benchmarking* e BI

Depois que a organização investiu em uma solução de *business intelligence* (BI), como se deve avaliar seu desempenho? Como avaliar se a eficiência e as decisões tomadas com base nas informações fornecidas pelo BI são boas ou ruins?

A Forrester Research explorou, recentemente, essas questões em um relatório sobre *benchmarking* do ambiente de BI da sua empresa (Evelson, 2018). O BI é um ativo que transforma as informações em uma vantagem competitiva, portanto, é fundamental determinar se há um bom desempenho ou se é necessário um ajuste. O estudo recomenda uma extensa metodologia "BI-on-BI". Embora a própria noção de implantar BI para avaliar seu BI possa parecer intimidante, pode ser executada em pequenos passos. Vamos ver algumas formas de realizar essa conferência utilizando o *benchmarking*.

A Forrester (Evelson, 2018) entrevistou mais de cem profissionais que usaram BI no final de 2014 e 2016 para saber como as empresas avaliam suas soluções de BI. O resultado foi que 86% das organizações medem seus *benchmarks* de BI quantitativamente, por meio do monitoramento e da análise de *logs* e metadados da plataforma de BI, *logs* de sistemas de gerenciamento de banco de dados e por meio de pesquisas (Evelson, 2018).

O relatório sugere fazer as perguntas a seguir para avaliar a eficiência do BI da sua empresa. Os resultados da pesquisa fornecem comparações muito interessantes.

- Você está usando mais ou menos plataformas de BI do que seus concorrentes?

    A Forrester acredita que a maioria das grandes empresas implanta pelo menos cinco plataformas de BI, algumas das quais integradas em aplicativos financeiros, de planejamento, *Enterprise Resource Planning* (ERP), ou sistema de gestão integrado, e *Customer Relationship Manager* (CRM), ou gestão de relacionamento com cliente. Nesse caso, não necessariamente melhor, pois cada um requer o gerenciamento de várias partes dinâmicas que podem ser difíceis de integrar e implantar (Evelson, 2018).

- Quantos relatórios e painéis diferentes você produz?

A pesquisa, atualizada no quarto trimestre de 2016, descobriu que a maioria das organizações produz 25 ou menos relatórios e painéis por usuário, com 42% produzindo menos de 10 (Evelson, 2018).

- Onde você entrega as informações?

Os pontos de controle (PCs) foram a plataforma mais comum relatada em 2014 (94%) e 2016 (87%). O uso de plataformas móveis está crescendo, passando de 44% para 50% nos últimos dois anos. No Dimensional Insight, vimos um interesse crescente em nossa solução móvel DiveTab (Evelson, 2018).

As necessidades analíticas podem variar amplamente em uma empresa e o que é considerado "útil" pode depender do público. Como tal, a Forrester também recomenda coletar métricas, incluindo o número de relatórios e painéis usados com frequência e pouca frequência, a rapidez com que uma consulta retorna os resultados e quantos cliques são necessários para construir uma pergunta e obter uma resposta (Evelson, 2018).

A análise dos resultados por usuários, departamentos, regiões, linhas de negócios e outros atributos destacará as tendências e criará oportunidades para aprender com padrões de uso mais eficientes.

O que é

Site Stats é uma ferramenta que coleta esse tipo de informação (análise de resultados) e ajuda os usuários a visualizá-la e analisá-la. A página de resumo fornece uma visão de alto nível das informações e tendências de uso que podem ser úteis para um CEO.

5.5.1 Medindo a eficácia

Em comparação com a eficiência, medir a eficácia do BI é mais complicado. A questão-chave a ser considerada é a medida final de BI: os *insights* apoiam fatos verificáveis? Para responder a essa pergunta, será preciso identificar as previsões anteriores e voltar para ver se elas se concretizaram.

Por exemplo, se o BI sinalizou baixos níveis de estoque e pediu mais itens, foi uma decisão boa ou ruim? A organização ganhou ou perdeu dinheiro com o estoque extra? Apenas 7% dos clientes da Forrester relatam recursos robustos para essa análise (Evelson, 2018).

5.5.2 Eficiência

Medir a eficiência é um bom lugar para começar a avaliar sua solução de BI e determinar se ela precisa de um ajuste fino. Uma nota final vem na forma de um aviso de bom senso da Forrester. Ao considerar todas as medidas quantificáveis de BI, não negligencie os benefícios intangíveis, como melhor tomada de decisão e melhores *insights* (Evelson, 2018).

5.6 Aprendendo com a concorrência

Em outubro de 1990, a Procter and Gamble (P&G) conduziu um projeto de *benchmarking* para aprender sobre as melhores práticas para embalagens de produtos. A equipe da P&G selecionou oito medidas-chave para estudar e fez quatro visitas às empresas identificadas como as "melhores na área" (Bogan; English, 2019).

Após nove meses, a equipe percebeu que "algo não estava funcionando". Seus esforços não estavam produzindo *insights* operacionais e nenhuma melhoria significativa havia sido alcançada. A equipe se reuniu para realizar uma análise *post-mortem* sobre o que estava errado em seu projeto e foi identificado os seguintes erros em seu trabalho inicial de projeto de *benchmarking* (Bogan; English, 2019):

- O tópico era muito amplo.
- O projeto não estava claramente focado porque a equipe estava estudando muitas medidas principais (oito) e suas operações correspondentes.
- As melhores empresas, escolhidas mais por causa da reputação do que pelo desempenho demonstrado, não forneceram as melhores práticas verdadeiras ou procedimentos operacionais exemplares.

Durante a segunda fase de seu projeto de *benchmarking*, a equipe de da P&G se concentrou apenas em operações confiáveis, ou seja, com o menor percentual de tempo para produzir um produto de qualidade sob demanda e de acordo com as especificações ou os padrões do projeto. A equipe também reduziu suas visitas ao local para seis, e duas delas eram internas, na Procter and Gamble Aircraft Operations. As outras visitas ao local levaram a equipe para fora de seu setor (Bogan; English, 2019).

Os resultados da segunda fase foram mais promissores. A equipe da P&G aprendeu quatro lições valiosas que se aplicam a todas as empresas que conduzem projetos de *benchmarking* (Bogan; English, 2019). Vamos aprender?

1. **Concentre-se claramente no projeto** – Uma armadilha comum é as equipes iniciarem projetos muito grandes ou mal articulados para permitir o sucesso. Projetos de *benchmarking* bem-sucedidos geralmente começam com missões de projeto bem focadas que visam áreas de tópicos gerenciáveis.
2. **Procure lições operacionais importantes fora de seu próprio setor** – As melhores práticas de negócios não observam as fronteiras da indústria, regionais ou nacionais. Em outro projeto de *Benchmarking*, por exemplo, a P&G estudou equipes de *pit* no Indianapolis Speedway e aplicou seus métodos ultrarrápidos de troca de peças e pneus para reduzir algumas trocas de fabricação de dois dias para apenas duas horas. Além disso, a maioria das organizações está mais inclinada a exibir o que faz bem aos não concorrentes.

3. **Foco em sistemas, práticas e procedimentos** – Essas questões observáveis se mostraram altamente eficazes na organização de referência. Não se preocupe com estatísticas operacionais ou pelas minúcias de qualquer subprocesso individual. O desempenho superior é quase sempre o resultado cumulativo de muitas ações, procedimentos, práticas e fatores de *design* organizacional eficazes.

   Além disso, muitas das melhores práticas exigem extrapolação de como as empresas de referência as executam e interpretação sobre como elas serão traduzidas em uma organização diferente. O caminho desde as descobertas da visita ao local até a implementação bem-sucedida pode ser íngreme e tortuoso.

4. **Projetos de *benchmarking* bem-sucedidos têm uma marca Triplo A: Adote, Adapte e Avance!** – Depois de pesquisar e examinar práticas operacionais altamente eficazes, os *benchmarks* experientes adotam o melhor, adaptam-no aos seus próprios ambientes de trabalho e aumentam o desempenho por meio de implementação cuidadosa e refinamento contínuo das práticas.

   Vários fatores críticos de sucesso permitem processos de *Benchmarking* Triplo-A. É claro que uma medição de desempenho e um sistema de *benchmark* bem projetados são essenciais. Outros fatores críticos de sucesso incluem:

   - Suporte da alta administração.
   - Treinamento de *Benchmarking* para a equipe do projeto.
   - Sistemas úteis de tecnologia da informação.
   - Práticas culturais que incentivam o aprendizado.
   - Recursos, especialmente na forma de tempo, financiamento e equipamento útil (Bogan; English, 2014).

5.7 Passo a passo do *benchmarking*

Muitos projetos de *benchmarking* produziram relatórios e recomendações excelentes e depois acabaram sendo encerrados por esforços de implementação ineficazes ou fracassados.

As causas das falhas quase sempre poderiam ter sido evitadas. Em muitos casos, as falhas resultam de um planejamento de implementação inadequado. Uma das armadilhas mais comuns é a falha em planejar as fases de pesquisa e apuração de fatos do processo de *benchmarking* com antecedência, para que reflitam as realidades de implementação. Separar um do outro, no entanto, pode ser desastroso e os resultados, quase sempre, calamitosos.

O *benchmarking* e a implementação não devem ser considerados como eventos distintos, mas como fases que, embora separadas, estão relacionadas para a melhoria comum. Por isso, a implementação deve ser considerada como um processo de *benchmarking*.

O *benchmarking* que não resulta em melhorias tem pouco valor, isto é, significa perder tempo, esforço e recursos organizacionais. Os japoneses são conhecidos por suas habilidades de *benchmarking*, praticadas por décadas em visitas de estudo aos Estados Unidos e Europa. Consequentemente, um visitante americano ficou surpreso com a quantidade de informações que uma empresa anfitriã japonesa compartilhou durante sua visita ao local. No final da visita, o convidado americano expressou sua surpresa e cumprimentou os japoneses por sua abertura para compartilhar. Sua surpresa logo se transformou em espanto quando os japoneses confidenciaram que não estavam preocupados em compartilhar, porque não acreditavam que a empresa americana pudesse implementar o que viu. Esse incidente reflete como os japoneses veem a implementação como uma fase crítica de *benchmarking* significativo.

Para muitos, o *benchmarking* pode implicar apenas na aquisição de conhecimento. Mas, de uma visão gerencial pragmática, o aprendizado que não se traduz em ações de melhoria não deve ser classificado como aprendizado. É por isso que todo projeto deve ter em vista uma implementação bem-sucedida.

Vamos, a seguir, verificar as etapas do *Benchmarking*.

Medição

No *benchmarking*, as práticas de uma organização são comparadas às práticas de outras organizações que estabeleceram reputação de excelência ou de serem as melhores naquele setor em que atuam.

Um processo específico para a análise e medidas de desempenho relacionadas a esse processo são identificadas. As comparações são feitas entre a organização que está realizando o *benchmarking* e a organização escolhida como referência em excelência no processo selecionado. Os resultados são analisados e a "lacuna" do *benchmark* é pesquisada para determinar se a organização em análise está atrás da organização de referência, é equivalente a ela ou está à frente dela.

Confirmando que a empresa de referência está à frente da empresa em análise, há potencial para melhorias. Um plano de ação precisará ser elaborado para que a empresa em análise possa "copiar" e adaptar para si as melhores práticas que a empresa referência possui.

Por exemplo, se o tempo de ciclo do pedido for muito mais curto na organização referência, ações podem ser tomadas para melhorar os processos, reduzindo o tempo de ciclo do pedido na organização analisada.

O *benchmarking* é um processo contínuo: o padrão é continuamente definido em novos patamares. No entanto, outras empresas o acompanharão, de modo que as organizações de práticas recomendadas continuarão a aprimorar seus processos. As melhorias levarão tempo e haverá novos problemas a serem resolvidos para evitar que a organização fique para trás. Esse processo identificará oportunidades de melhorias e trará novas ideias para a empresa. Para que a organização obtenha o valor real e os benefícios do *benchmarking*, a alta administração precisará se comprometer a fornecer o tempo e os recursos necessários para executar as melhorias que tenham sido identificadas. Planos de ação para melhorar os processos devem ser criados imediatamente, mas precisarão de tempo e recursos. Mudanças radicais nos processos geralmente requerem ainda mais tempo e recursos. Uma vez identificadas, as "lacunas" de desempenho tornam-se prioridades de ação.

Por exemplo, se seu maior concorrente, a XYZ Co., leva consideravelmente, menos tempo para entregar seus produtos do que sua organização, você precisará do comprometimento da administração, bem como de tempo e recursos, para introduzir mudanças que irão fechar essa lacuna de desempenho no tempo de entrega. Identifique as implicações desse cenário no desempenho organizacional. Isso ajudará a criar pressão para que mudanças reais sejam feitas. Se nada for feito para melhorar os tempos de entrega para seus clientes e a XYZ Co. reduzir ainda mais o tempo que levam para entregar produtos, eles terão uma vantagem competitiva ainda maior.

É necessário criar um cronograma realista para o processo de *benchmarking* e agir com base nos resultados. Isso aumentará a possibilidade de que os recursos prometidos para a implementação sejam realmente alocados. A melhoria contínua é a meta, mas é importante ser realista sobre o que realmente pode ser alcançado.

Equipe

Os projetos de *benchmarking* são geralmente realizados por equipes, pois é necessário um grande conhecimento e habilidade para coletar, analisar e interpretar os dados. As equipes podem selecionar mais do que alguns indivíduos quando há uma grande carga de trabalho. Os indivíduos selecionados para uma equipe de *benchmarking* precisarão ter o conhecimento e as habilidades para participar efetivamente do projeto de *benchmark*. A equipe ideal é composta por indivíduos que conhecem o processo e por pessoas responsáveis por executar e melhorar esse processo. Outros membros da equipe, ou mesmo clientes e fornecedores, podem fornecer suporte ao processo.

É importante que os indivíduos da equipe de *benchmarking* tenham um conhecimento sólido do processo que está sendo avaliado, o apoio de seu gerente e a credibilidade entre seus colegas para garantir a integridade das descobertas de *benchmarking*.

Um líder de projeto deve ter habilidades de gerenciamento e facilitação de projeto, bem como a capacidade de influenciar os principais tomadores de decisão envolvidos no processo. Uma equipe equilibrada e diversa aumentará as possibilidades de criatividade da equipe e terá maior probabilidade de examinar as questões de diferentes pontos de vista e, assim, contribuir com novas ideias. Todos devem ter a chance de contribuir, aprender e desenvolver percepções examinando as melhores práticas das organizações.

Um processo de seleção cuidadoso e estratégico aumentará a influência política do projeto e compartilhará a responsabilidade. Os membros da equipe também precisam ter um bom entendimento de *benchmarking* e suas técnicas. Eles precisarão ser treinados em:

- processos de *benchmarking*;
- ferramentas analíticas;
- criação de fluxogramas, por exemplo, mapeamento de processos;
- *brainstorming*;
- habilidades de resolução de problemas;
- diagramas de causa e efeito, por exemplo, diagramas "espinha de peixe";
- coleta de dados: habilidades de entrevista, desenvolvimento de listas de verificação e questionários;
- análise de dados: diagramas de Pareto, histogramas;
- habilidades de gerenciamento de projeto.

A equipe de *benchmarking* utilizará um processo que pode ser novo para eles, então, o treinamento deve cobrir, pelo menos:

- como ser um *benchmarker*;
- o processo de *benchmarking*;
- as ferramentas de *benchmarking*.

Eles precisarão ter um bom conhecimento e a capacidade de usar as ferramentas analíticas apropriadas, de modo que possam coletar, analisar e validar informações (por exemplo, custos, volumes, tempos de processo). Uma ferramenta simples para analisar as lacunas de desempenho e de processo, e comparar de igual para igual, é um formato que lista as medidas de desempenho para cada organização e mostra as lacunas de desempenho.

O treinamento pode ser interno ou externo, dependendo da experiência disponível na organização. Deve ainda ajudar a equipe a compreender o processo, identificar os padrões alcançados pelas organizações de melhores práticas e também como medir as lacunas de desempenho.

É importante lembrar que aprender a ser um *benchmarker* eficaz exige tempo e paciência, pois a equipe escolhida deve sentir que possui todas as habilidades de que necessita. O *benchmarking* é um processo sério e sistemático que deve ser aplicado com habilidade e cuidado.

Modelo

Quando a equipe desenvolve uma boa compreensão do processo de *benchmarking* e das habilidades e técnicas que ele envolve, ela está pronta para coletar dados sobre o desempenho. Uma das regras básicas do *benchmarking* é conhecer seus próprios processos antes de tentar entender os processos de outra organização.

Primeiro, a equipe deve coletar e revisar informações internas que já estão disponíveis no processo, por exemplo, fluxogramas, dados sobre tempos, custos ou volumes, tarefas ou descrições de cargos e quaisquer outros dados pertinentes.

Em seguida, a equipe deve documentar o processo usando o mapeamento de processos. Cada etapa, ou tarefa específica do processo, é representada. Ao mapear o processo, a equipe pode revisar a eficiência e eficácia geral do processo para alcançar os resultados desejados. Essa revisão em si pode identificar áreas onde há etapas desnecessárias, gargalos ou duplicações, enfim, áreas para melhorias.

Quando o processo é compreendido, os indicadores-chave de desempenho (KPIs) e as medidas relacionadas podem ser identificados e confirmados. Por exemplo, se uma equipe deseja comparar o treinamento de gestão, ela deve preparar as informações apresentadas no quadro a seguir.

Quadro 5.1 – Informações para a análise do treinamento de gestão

Medidas
Percentual de gerentes treinados.
Percentual da receita investida em treinamentos de gerentes.
Feedbacks positivos sobre a liderança.
Gastos com novos programas.

Fonte: Elaborado com base em Warner, 2012.

Os dados internos podem ser coletados em cada uma das medidas específicas. Isso pode envolver a coleta de relatórios e amostras de formulários e papéis usados, informações sobre sistemas de suporte, dados sobre clientes, fornecedores, custos, tempos de processo, prazos de entrega, entre outros.

Uma vez que a equipe de *benchmarking* definiu suas metas, elaborou as medidas a serem aplicadas e coletou as informações de que precisa, ela está pronta para compilar um relatório de desempenho interno.

Essencialmente, se examinará como funciona o processo e várias maneiras de melhorá-lo. Por exemplo, um agente de viagens pode considerar a análise de como o processo de reserva de viagens pode ser simplificado, ou uma fábrica de sapatos pode considerar como reduzir o desperdício de couro. Em ambos os casos, a equipe de *benchmarking* precisaria examinar as relações de causa e efeito para entender as tendências e as barreiras potenciais para um melhor desempenho e começar a desenvolver algumas ideias gerais sobre onde as coisas podem ser melhoradas.

Usando os dados coletados, uma análise de Pareto deve ser realizada para identificar as poucas áreas críticas que levariam às maiores melhorias no desempenho do processo. Usando o exemplo anterior, se a empresa quisesse fazer mais treinamento da alta administração, ela poderia analisar os dados para serem mostrados em gráficos. Esses dados simples deixam claro que a empresa deve reconsiderar a proporção de seu orçamento que é gasta em treinamento de média gerência. No entanto, fazer um *benchmarking* de como os outros lidam com o treinamento gerencial e o que isso lhes custa pode revelar algumas respostas diferentes.

Gerenciamento

Depois que as informações internas sobre o processo de *benchmark* foram documentadas e compreendidas e o foco para o projeto de *benchmarking* foi decidido, é hora de identificar as organizações de referência relevantes. Identificar um parceiro de *benchmarking* adequado envolverá responder a duas perguntas:

- Quais organizações têm um processo semelhante ao que está sendo testado?
- Quem tem reputação de excelência no processo a ser avaliado?

Uma vez que processos excelentes podem ser encontrados em qualquer setor, o foco geralmente estará em examinar organizações fora de sua concorrência. Você estará procurando uma organização com uma reputação estabelecida e, em seguida, examinará como essa reputação foi conquistada.

A equipe precisará adotar uma abordagem estruturada para que o tempo e os recursos sejam usados de forma eficiente e seja capaz de identificar um parceiro de *benchmarking* relevante.

Um parceiro de referência adequado é uma organização que está disposta a compartilhar informações e que fornecerá uma comparação válida, além de ter coisas a lhe ensinar. A equipe, provavelmente, apresentará uma lista de várias organizações.

Para desenvolver uma lista de negócios não competitivos adequados, a equipe deve, primeiro, estabelecer critérios para restringir a lista. Um conjunto claro de critérios para selecionar potenciais parceiros de *benchmarking* também ajudará a justificar sua escolha final para os principais tomadores de decisão e agregar credibilidade às suas descobertas.

Quando uma lista de potenciais parceiros de *benchmarking* tiver sido preparada, abordagens deverão ser feitas a essas organizações para obter autorização para o projeto e a visita de *benchmark*. Lembre-se: todos os parceiros de referência selecionados devem estar dispostos a trocar informações e ser o mais abertos possível. Seja direto com eles e descreva o tipo de processos e comparações que você gostaria de analisar antes de ocorrer a visita.

Vários caminhos podem ser usados para identificar a organização de melhores práticas para o processo a ser avaliado. Considere as seguintes possibilidades para encontrar um candidato adequado:

- relatórios de sua própria organização;
- outras pessoas em sua empresa que viram práticas bem-sucedidas;
- bancos de dados de biblioteca e estudos de caso;
- associações industriais, comerciais ou profissionais;
- ponto de vista do cliente (quem consideram o melhor).

Antes que a visita real ao parceiro de referência seja feita, cada membro da equipe precisa conhecer o perfil da organização, entender seu papel durante a visita e ter um bom domínio das ferramentas de coleta de dados.

O parceiro de *benchmarking* deve estar ciente das razões e do foco do projeto, exatamente o que pode ser esperado durante a visita, para que sua própria equipe possa se preparar.

O *benchmarking* se baseia na confiança e no compartilhamento de informações. Ser aberto e honesto com o parceiro sobre os resultados que está buscando ajudará a garantir que possa trocar dados relevantes e se beneficiar mutuamente com essa troca. Para identificar quais mudanças e melhorias precisam ser feitas para aumentar o desempenho do processo, é preciso entender as razões pelas quais existem lacunas e inadequações de desempenho.

A equipe de *benchmarking* procurará respostas para a seguinte pergunta: O que permite que a organização de referência alcance esses resultados de desempenho? Ao identificar as razões das diferenças, a equipe saberá o que mudar e como melhorar a maneira que faz as coisas. Para identificar o que pode causar essas diferenças de desempenho, procure os fatores a seguir:

- o número de indivíduos envolvidos, suas funções e como trabalham em equipe;
- como os indivíduos foram treinados;
- a tecnologia usada;
- a sequência de etapas ou tarefas;
- se há algum problema ou desperdício de processo;
- quais são os fatores críticos de sucesso para o processo;

- quais esforços foram feitos no passado para melhorar o processo.
- cultura organizacional;
- tomada de decisão e mecanismos de comunicação usados;
- planos futuros para melhorar o processo.

Por exemplo, se examinarmos as razões por trás do tempo demandado pelo processamento do produto em uma empresa de preparação de alimentos, podemos descobrir que nossa organização de referência prepara seu produto com menos pessoas, em menos etapas e em menos tempo.

Monitoramento

Depois que a lacuna do *benchmark* foi analisada ou pesquisada, a organização saberá se está atrás das empresas de referência, à frente ou é equivalente a elas. A melhoria na organização que está realizando o *benchmarking* será alcançada por meio de ações estratégicas para eliminar as lacunas de desempenho. No entanto, como esses esforços para melhorar o desempenho estão em andamento, as circunstâncias mudarão e os concorrentes continuarão a melhorar.

Para ficar a par dessas mudanças, as metas e prioridades de desempenho precisarão ser ajustadas ou alteradas. Assim, a organização precisará identificar o nível ou as metas de desempenho que deseja atingir e, em seguida, implementar planos de ação apropriados. Por exemplo, uma empresa de transporte rodoviário pode usar as seguintes medidas para rastrear o desempenho atual e estabelecer metas de desempenho futuras:

- diferença entre o tempo de entrega programado e o real.
- contas a receber ao longo de 60 dias.
- número de acidentes.
- número de avarias.
- rotatividade do motorista.
- absenteísmo.
- relativas variações no lucro.

O *benchmarking* não deve ser uma ocorrência única. É necessário monitorar regularmente o processo para certificar-se de que a organização não fique atrás de seus concorrentes. Se houver algum deslize, a lacuna de desempenho provavelmente crescerá. Se uma organização descobrir que uma lacuna de desempenho está ficando cada vez mais profunda, tomará medidas vigorosas para preenchê-la a fim de melhorar seu desempenho em relação a seus concorrentes e organizações líderes de melhores práticas.

Todos devem entender que o *benchmarking* é uma ferramenta estratégica contínua não apenas para se manter competitivo, mas também para identificar oportunidades de desenvolver suas próprias abordagens de melhores práticas (Warner, 2012).

A seguir, apresentamos a lista de verificação das etapas de um esforço de *benchmarking*.

1. Tomar a decisão de fazer o *benchmarking* de um processo:
   - decisão de fazer o *benchmarking* de um processo;
   - aprovação da alta administração do projeto de *benchmarking*.
2. Estabelecer o compromisso da alta gerência em fornecer tempo e recursos.
3. Selecionar e treinar a equipe de referência:
   - seleção da equipe e do projeto líder;
   - primeira reunião da equipe: pré-planejamento;
   - identificação das necessidades de treinamento, processo de *benchmarking*, habilidades;
   - fornecimento de educação e treinamento para a equipe de *benchmarking*.
4. Entender o processo de *benchmark* da organização:
   - investigação do processo de *benchmark* e análise do processo de trabalho;
   - identificação do que medir e como fazê-lo;
   - medição e documentação do desempenho atual;
   - definição de objetivos para o processo e medidas específicas.
5. Identificar parceiros de *benchmarking*:

- identificação de potenciais empresas de *benchmarking*, ou seja, as que atingiram a excelência no processo;
- preparação de pedidos às melhores empresas, listas de verificação e questionário;
- preparação das próprias respostas a listas de verificação e questionário;
- contato com potenciais parceiros de referência e realização de acordo;
- organização de entrevistas ou visitas ao local de parceiros de referência;
- preparação da equipe de referência, por exemplo, prática para entrevistas;
- condução de visitas a parceiros de referência.

6. Documentar e analisar os resultados:
   - preparação de relatórios individuais nas visitas;
   - resumo e análise dos dados coletados e das razões para as diferenças;
   - consolidação das conclusões da equipe de *benchmarking*;
   - comparações de processos: organização *versus* parceiro de *benchmarking*.

7. Reunir a equipe para revisar os resultados:
   - preparação do relatório preliminar sobre o projeto de *benchmarking*;
   - equipe de revisão do relatório preliminar;
   - conclusão do relatório preliminar para revisão pela administração;
   - apresentação do relatório preliminar e recomendações à administração;
   - emendas às recomendações com base no *feedback* da administração.

8. Apresentar o relatório final à administração:
   - apresentação do relatório final e recomendações para melhorar o processo para a administração;

- comprometimento com um plano de ação de melhoria;
- obtenção do compromisso da gerência com o plano de ação para implementar mudanças no processo.

9. Monitorar o progresso:

- monitoramento do progresso do plano de ação;
- ajuste ou correção do plano de ação;
- medição e comunicação das melhorias alcançadas;
- recomeço, se for necessário.

Síntese

Neste capítulo, esclarecemos que:

- O *benchmarking* existe há muito tempo. Tornou-se popular no final da década de 1980, quando as organizações que utilizavam o processo demonstraram seus benefícios, alcançando avanços significativos no desempenho.
- O *benchmarking* baseia-se em uma filosofia de melhoria contínua, em que todos são incentivados a aprimorar a forma como executam suas atividades. Ele fornece uma maneira sistemática de estudar as práticas de negócios e aprender com outras organizações.
- A reengenharia de processo é uma tarefa cheia de desafios, e os profissionais envolvidos devem ter em mente que tudo pode e deve ser modificado. Qualquer ponto ou área da empresa é susceptível a mudanças.
- Ao expor organizações e pessoas a novas ideias e abordagens, a experiência de *benchmarking* estimula *insights* extraordinários e ideias inovadoras.
- O *benchmarking* de processos possibilita uma avaliação comparativa e se concentra em processos de trabalho e sistemas operacionais distintos, como os processos de reclamação do cliente, faturamento, pedido e cumprimento, recrutamento e planejamento estratégico.
- O *benchmarking* de desempenho permite que os gerentes analisem suas posições competitivas por meio de comparações de produtos e

serviços. Esse tipo normalmente enfoca elementos de preço, qualidade técnica, produtos auxiliares ou recursos de serviço, velocidade, confiabilidade e outras características de desempenho.

- O *benchmarking* estratégico examina como as empresas competem. Raramente é focado na indústria, voltando-se para o negócio como um todo. Ele percorre diversos setores, buscando identificar as estratégias vencedoras que possibilitam às empresas de alto desempenho obter sucesso em seus mercados.
- O BI é um ativo da organização que transforma as informações em uma linha de ação, trazendo assim uma vantagem competitiva. Portanto, é fundamental monitorar se ele está tendo um bom desempenho ou se precisa de ajustes.
- Muitas pessoas veem o *benchmarking* como uma simples aquisição de conhecimento, mas, na verdade, sua verdadeira lição, do ponto de vista gerencial, são as ações e a cultura de melhoria contínua que ele proporciona.

Questões para revisão

1. A filosofia do *benchmarking* baseia-se no processo de melhoria contínua. Esse processo fornece uma forma sistemática de rever os processos e as práticas dos negócios. Assinale a alternativa que indica corretamente as principais razões pelas quais as organizações realizam *benchmarking*:

    a. Obter uma superior automação dos processos, tomar consciência dos melhores processos, atender melhor às necessidades dos clientes, elevar o desempenho e tornar-se mais competitiva.

    b. Obter uma maior compreensão dos processos, tomar consciência das melhores práticas, atender bem às necessidades dos clientes, elevar o desempenho e tornar-se mais competitiva.

    c. Obter uma maior compreensão dos processos, tomar consciência dos processos superiores, atender melhor às necessidades dos clientes, aumentar o faturamento e tornar-se mais competitiva.

d. Obter uma maior compreensão dos processos, tomar consciência das melhores práticas, atender melhor às necessidades dos fornecedores, aumentar o faturamento e tornar-se mais competitiva.

e. Obter uma maior automação dos processos, tomar consciência das melhores práticas, atender bem às necessidades dos fornecedores, elevar o desempenho e tornar-se mais competitiva.

2. O *benchmarking* tem como objetivo identificar e buscar as melhores práticas, assim como ideias inovadoras e processos operacionais de alta eficácia, levando a organização a alcançar um desempenho superior. Com base nisso, analise as afirmativas a seguir e assinale a que apresenta os três tipos primários de *benchmarking*:

   a. De processo, competitivo e estratégico.
   b. De processo, de desempenho e de planejamento.
   c. De sistemas, de desempenho e estratégico.
   d. De sistemas, de desempenho e de planejamento.
   e. De processo, de desempenho e estratégico.

3. O *benchmarking* é o processo de medir o desempenho dos produtos, serviços ou processos de uma empresa em comparação com o de outra empresa/negócio considerada a melhor na indústria ou no mercado em análise. Sobre isso, assinale a alternativa que apresenta as etapas de implementação de um *benchmarking*:

   a. Medição, líderes, modelo, planejamento, monitoramento.
   b. Auditoria, equipe, modelo, gerenciamento, conferência.
   c. Medição, equipe, modelo, gerenciamento, monitoramento.
   d. Auditoria, equipe, modelo, planejamento, monitoramento.
   e. Estimativa, equipe, negócio, gerenciamento, conferência.

Implementação de BI

Conteúdos do capítulo

- Implementação e prática de *business intelligence* (BI).
- Levantamento de necessidades para um projeto de BI.
- Identificação das fontes de dados.
- Ferramentas de BI e retroação.

Após o estudo deste capítulo, você será capaz de:

1. explicar o processo de implementação de BI;
2. identificar as demandas de um projeto de BI;
3. selecionar e analisar fontes de dados;
4. diferenciar ferramentas de BI e retroação.

capítulo 6

As empresas modernas coletam um grande volume de dados nos dias de hoje, desde informações sobre animais de estimação até estatísticas sobre processos e clientes. No entanto, muitas delas não entendem todo o potencial dos dados coletados ou simplesmente não os aproveitam. Uma ótima forma de utilizar toda informação contida nesses dados é a implementação de uma solução de *business intelligence* (BI).

BI se refere às estratégias, aos *softwares* e à tecnologia disponível para a análise de dados de informações de negócios. A implementação de BI bem-sucedida permite que a empresa, ou negócio, transforme os dados disponíveis em informações com valor agregado para tomadas de decisões de negócios, estratégias e táticas. Normalmente, o BI depende de grandes quantidades de dados estruturados, embora haja casos em que dados não estruturados possam ser usados para criar a base para decisões informadas e eficazes.

É difícil estimar o valor de um BI implementado adequadamente. Isso não apenas ajuda a melhorar o acesso aos dados e seu uso para *insights* de negócios, mas também pode aumentar a lucratividade, trazer vantagem competitiva e acelerar o crescimento geral. Entre os **benefícios da implementação de BI** estão:

- melhoria no processo de tomada de decisão;.
- processos de negócios otimizados, tanto internos quanto voltados para o cliente;
- maior eficiência operacional, pois processos de negócios ineficazes podem ser facilmente identificados;
- uma versão da verdade que reúne as versões fragmentadas dos dados em um quadro maior.

Então, a próxima pergunta é: Como implementar com sucesso BI em uma empresa? Vamos aprender mais sobre isso na sequência.

6.1 Implementação e prática em um projeto de BI

Os dados e as informações são essenciais para os negócios modernos. As empresas precisam produzir, coletar e armazenar grandes quantidades de dados, bem como ter a capacidade de obter informações importantes para usá-los de forma produtiva. A BI oferece análises que aproveitam os dados brutos, ajudando as empresas a se tornarem mais eficazes e lucrativas.

Os benefícios da BI compreendem:

- executar as tomadas decisões qualitativamente melhores;
- economizar custos determinando o gasto ideal, por exemplo, com *marketing*;
- determinar o momento dos esforços de intervenção em algum processo;
- monitorar o desempenho das equipes com base em estatísticas em vez de em opiniões pessoais;
- determinar as melhores oportunidades para novos investimentos.

Para a empresa colher os frutos que uma solução de BI pode proporcionar, ela precisa realizar uma implementação bem-sucedida e garantir que a BI implantada esteja funcionando de acordo com os objetivos traçados no início do projeto. Antes de iniciar a implementação, é necessário preparar a equipe técnica para a tarefa. Será preciso um ou mais analistas de negócios para definir os problemas do negócio, bem como um engenheiro de computação com experiência em aquisição de dados para implementar a coleta de dados. Além disso, um cientista de dados ou especialista em aprendizado de máquina (*machine learning*) pode ajudar a processar os dados para extrair informações com valor agregado que sejam acionáveis.

Vamos dividir a implementação em seis passos. Vejamos cada um deles, separadamente, a seguir.

6.1.1 Definição quantificável de requisitos

É necessário descrever os requisitos em um formato quantitativo. É aqui que o analista de negócios, com conhecimento íntimo do negócio e das operações, mostra-se particularmente valioso. Ele pode ajudar a equipe a identificar as principais métricas a serem usadas para comparar cenários e resultados. Uma declaração de um requisito em termos quantitativos poderia ser, por exemplo, a apresentada a seguir.

Quanto a abertura nos finais de semana aumentará as vendas de nossa maior loja de varejo?

Dependendo dos objetivos da empresa, há vários cenários ou declarações de requisitos. É importante reuni-los com antecedência. É recomendado envolver, em todas as etapas do processo, todas as partes interessadas, desde a equipe executiva até os usuários finais. Ter todos os requisitos necessários, antecipadamente, economiza muito retrabalho extra no futuro.

É preciso segmentar os requisitos em áreas e fases principais dos negócios: isso torna as partes de trabalho muito mais gerenciáveis, o que significa que é mais fácil permanecer no ponto. Além disso, os membros do projeto se sentem mais produtivos sabendo que o trabalho está sendo feito. Isso se opõe a ter apenas uma grande entrega. Com projetos maiores de implementação de BI, quando se encontram obstáculos, o cronograma de entrega pode ser adiado inúmeras vezes. Dividir o projeto em várias fases permite um processo de desenvolvimento mais interativo e consistente.

Essa estrutura fornece mais *feedback*, o que orienta e corrige o curso de desenvolvimento, mas também evita que a equipe tente fazer todo o projeto de uma vez e, no final, descubra que seguiu na direção errada. As interações menores nas fases bem-definidas do projeto viabilizam um ajuste suave no curso quando ocorrem bloqueios de estradas.

6.1.2 Aprimoramento da capacidade de coletar dados

Antes de começar a coletar os dados que podem responder às perguntas definidas, a organização deve desenvolver a capacidade de captá-los. Por exemplo, instalar sistemas para permitir que sejam coletados dados de vendas de todos os restaurantes locais atuais. Assim, recorre-se a sistemas de coleta de dados que se integram à solução de BI, como JetCommerce, SAP HANA, Cloudera Enterprise ou Qliksense.

Além disso, os engenheiros de computação podem construir sistemas que agregam as estatísticas em bancos de dados, como MongoDB ou Apache Cassandra. Isso possibilita que sejam coletadas e armazenadas grandes quantidades de dados, bem como a realização de análises de negócios.

6.1.3 Coleta de dados

Com a infraestrutura de coleta e processamento de dados instalada, a empresa ou organização pode coletar dados de suas operações de negócios. Uma vez definidos, os sistemas de coleta de dados automatizados podem reunir grandes quantidades de informações rapidamente, com pouca ou nenhuma intervenção humana. No entanto, ter estabelecido uma infraestrutura de dados que atenda às necessidades é ainda mais essencial para garantir que o sistema de coleta de dados não esteja captando os tipos errados de informação. Pode ser preciso emparelhar a coleta automatizada com mais meios manuais de coleta de estatísticas.

6.1.4 Análise de dados

A etapa final durante a implementação do projeto de BI é gerenciar os testes de BI. O teste de BI é diferente de qualquer outro teste de projeto.

Envolve várias partes, tem vários pontos de entrada e pode ser sequenciado estrategicamente para otimizar a eficácia do teste.

- **Várias partes** – Tanto a área de tecnologia da informação (TI) quanto os usuários de negócios estão envolvidos. A TI se concentra em testes de *back-end*, como testes em torno de dados e arquitetura, enquanto os usuários de negócios avaliam se as necessidades de negócios estão satisfeitas, bem como a aparência e a aceitação.
- **Entradas múltiplas** – O teste pode ser feito em diferentes níveis da cadeia de valor do *data warehouse* (DW). Cada ponto de entrada é testado individualmente como testes de unidade, ao passo que a entrega inteira é averiguada na forma de teste de aceitação do usuário.
- **Sequenciamento estratégico** – Muitos projetos de BI envolvem ETL (*extract, transform, load*, em português, extrair, transformar, carregar) e modelagem de dados. É preciso escolher um ponto de partida de teste estrategicamente para minimizar o esforço de teste. Por exemplo, validar os números em *datamarts* (DMs) antes de testar os artefatos de BI. Se os números nos DMs não estiverem corretos, o teste de artefatos de BI pode ser obsoleto.

De posse dos dados, é possível analisá-los empregando-se técnicas como análise multivariada e análise comparativa. Essa é uma área em que o cientista de dados, o analista de BI ou os analistas de *machine learning* desempenham um papel de liderança. A variedade de técnicas estatísticas pode ajudar a equipe a examinar os resultados e a tirar conclusões. É necessário observar os dados de várias perspectivas para ter certeza de que não se está ignorando sinais importantes nas estatísticas.

6.1.5 Extração de informações com valor agregado dos resultados de análises de dados

Com base nos resultados da análise, devem-se extrair informações que possam ser aplicadas ao negócio com base nas análises realizadas. Isso pode incluir recomendações de mudanças operacionais ou novos comportamentos organizacionais. Por exemplo, a previsão é que a abertura nos finais de semana aumente as vendas em 30% nos primeiros seis meses, enquanto eleva os custos em apenas 10%. Nesse caso, recomendamos abrir a loja nos finais de semana por um período de teste de dois meses, assim validando as informações geradas pela solução de BI.

6.1.6 Análise qualitativa de dados

Os benefícios do BI são notoriamente difíceis de quantificar e medir porque muitos deles são intangíveis e se materializam em uma grande variedade de processos de negócios. No entanto, ainda é essencial quantificar o estado atual de um programa de BI para entender sua fraqueza, bem como ser capaz de comparar com seu estado final e medir o sucesso. Alguns fatores possíveis de medir incluem:

- **Adoção** – Quantos funcionários estão usando a solução de *software* de BI?
- **Tempo** – Está se economizando tempo com a utilização de relatórios?
- **Qualidade** – Que tipo de informação está se obtendo? Ela difere das anteriormente utilizadas?

6.2 Implementação de solução de BI existente no mercado

A implementação de uma solução de BI pode reinventar completamente o negócio, fornecendo uma visão aprofundada dos conjuntos de dados, permitindo que o negócio avance para o próximo nível.

Tudo começa com a implementação adequada. Se não for planejada, pode acarretar atrasos, problemas de orçamento, problemas de dados e usuários finais insatisfeitos. Do início ao fim, haverá dúvidas e complicações.

Vamos ver, agora, como implementar uma solução de BI já existente no mercado. Para isso, seguem-se algumas etapas:

1. Identificar requisitos.
2. Atribuir responsabilidades.
3. Verificar os dados.
4. Encontrar os fornecedores de BI.
5. Procurar os recursos necessários.

6. Aproveitar as vantagens de demonstrações e avaliações gratuitas.
7. Escolher um *software*.
8. Fazer perguntas específicas ao fornecedor.
9. Limpar os dados.
10. Treinar funcionários.
11. Implantar BI.
12. Adotar uma abordagem integrada.
13. Definir e refinar metas.

Nos negócios atuais, obter e interpretar informações em forma de dados é essencial. Para que isso aconteça, as empresas precisam produzir, armazenar e processar grandes quantidades de dados.

A BI oferece análises que aproveitam os dados brutos, ajudando as empresas a se tornarem mais eficazes e lucrativas. Vamos agora examinar as etapas apresentadas anteriormente.

6.2.1 Identificação de requisitos

A implementação de uma solução de BI deve ser iniciada com os objetivos principais do negócio definidos, por exemplo, aumentar a satisfação do cliente, expandir os mercados existentes, melhorar a receita, entre outros. Isso ajuda a definir objetivos e determinar a melhor maneira de usar o BI para impulsionar a organização.

6.2.2 Atribuição de responsabilidades

Durante a implementação e a execução do BI, é importante reunir a equipe executiva e mantê-la ciente dos objetivos do negócio. A partir daí, é preciso dividir os requisitos entre os profissionais e as fases principais, de modo a garantir que todos os membros da equipe conheçam seu papel no processo.

6.2.3 Verificação dos dados

Os dados são uma matéria-prima crítica para o *software* de BI. Por isso, é vital que sejam processados e avaliados para se ter certeza de que são precisos e oportunos.

Se os dados forem imprecisos durante o lançamento inicial, corre-se o risco de se perder a confiança dos usuários finais. Por isso, é preciso validar os dados em todas as fases para obter os melhores resultados.

6.2.4 Escolha de *software*

Escolher o fornecedor de *software* certo é tão importante quanto qualquer outro aspecto da implementação. Alguns provedores oferecem soluções que reduzem o tempo de implementação de BI, garantindo que se economizem tempo e recursos valiosos ao longo do caminho.

Por exemplo, análises podem ser incorporadas diretamente em uma plataforma existente, invisível para os usuários finais, levando o produto ao mercado mais rapidamente. A análise incorporada também pode ser monetizada e personalizada, fornecendo aos usuários finais relatórios melhores, que contribuem para a retenção de clientes.

Dependendo das necessidades da empresa ou do negócio, pode-se preferir uma solução de BI básica, com recursos essenciais, ou uma plataforma avançada, com funções mais especializadas que atendam a mais necessidades de negócios. Compreender as diferenças entre esses recursos básicos e ofertas de nicho é primordial para obter a solução ideal pelo preço certo.

Recursos básicos oferecidos pela maioria dos fornecedores de BI, independentemente de quão básica ou avançada a solução precise ser, normalmente já estão inseridos em boa parte dos principais sistemas e, sem dúvida, ajudam qualquer organização.

Aqui estão alguns recursos básicos e aplicativos de recursos de *software* de BI:

- **Relatórios e painéis** – Se existe a necessidade de mesclar dados dispersos de fontes distintas sem a ajuda da TI, os relatórios e painéis ajudam. Painéis interativos podem ser atualizados automaticamente para fornecer dados em tempo real sobre as mudanças nas condições, em vez dos estáticos, que oferecem uma visão única. Os recursos de relatório também permitem que os usuários criem relatórios de forma rápida e fácil, usando ferramentas familiares como interfaces de arrastar e soltar.

- **Análise de dados** – Métodos manuais e sistemas legados remendados podem criar erros e demoram muito para analisar os dados. Os recursos de análise de dados e painel unificam fontes de dados distintas para uma visão abrangente, que melhora a análise e torna os erros mais fáceis de detectar e corrigir.
- **Indicadores Chaves de** *Performance* **(***key performance indicators* **– KPIs)** – A visualização de dados e os principais indicadores de desempenho permitem que os usuários gerem percepções de negócios valiosas, reduzindo os esforços manuais e economizando tempo.

Tais recursos básicos atendem às necessidades da maioria das empresas e são oferecidos por muitos fornecedores de BI. Para necessidades mais avançadas, recursos avançados também estão disponíveis para atender às diferentes demandas de negócios.

Perguntas & respostas

O que são os KPIs?

São os indicadores críticos de progresso em direção a um resultado pretendido. Os KPIs fornecem um foco para a melhoria estratégica e operacional, criam uma base analítica para a tomada de decisões e ajudam a concentrar a atenção no que é mais importante. Como Peter Drucker comentou: "o que é medido é feito".

> O gerenciamento com o uso de KPIs abrange a definição de metas (o nível de desempenho desejado) e o rastreamento do progresso em relação a essa meta. Gerenciar com KPIs geralmente significa trabalhar para melhorar os indicadores principais que, mais tarde, irão gerar benefícios de atraso. Os indicadores principais são precursores do sucesso futuro; os indicadores de atraso mostram o quão bem-sucedida a organização foi no alcance de resultados no passado.
>
> Para saber mais a respeito, consulte:
> WHAT is a Key Performance Indicator (KPI)? Disponível em: <https://kpi.org/KPI-Basics>. Acesso em: 22 abr. 2021.

Geralmente, esses recursos são usados por equipes ou indivíduos selecionados, com vários níveis de habilidade técnica, e podem ou não estar incluídos no preço da assinatura. A seguir, quatro **exemplos de recursos analíticos avançados** e como eles podem beneficiar a empresa ou o negócio:

1. **Integração segura** – A capacidade de integrar ferramentas analíticas perfeitamente em seus processos de relatórios existentes é uma vantagem considerável para a empresa. Isso ajudará a utilização de dados existentes ao máximo para *insights* baseados em dados, bem como para facilitar a transição para essa nova plataforma.

   Para isso, a solução de BI deve ter ferramentas analíticas compatíveis com as fontes de dados existentes na organização, sejam elas quais forem. Idealmente, pode-se encontrar um provedor de BI que faça muito desse trabalho, extraindo dados de fontes distintas, adaptando o formato e oferecendo-o em uma ferramenta de relatório de *front-end*. No entanto, tudo isso precisa ser feito com o mesmo nível de segurança. A segurança é fundamental para muitas empresas que procuram investir em novas soluções de BI, uma vez que os dados essenciais para os negócios contêm informações confidenciais, como registros de clientes e preços de produtos. Seu provedor de BI deve ter disposições de segurança extensas e que permitam o controle da segurança interna com controle de acesso e permissões de usuário, para que a empresa possa ter certeza de que seus usuários verão apenas os dados de que precisam.

2. **Ferramentas personalizáveis** – As informações estáticas não fornecem aos usuários muitos *insights* sobre os dados. As soluções de BI são, frequentemente, equipadas com filtros, menus suspensos e funções de pesquisa que permitem aos usuários encontrar as informações de que precisam de forma rápida e fácil, garantindo uma usabilidade ideal.

Esses *insights* precisam ser úteis para indivíduos ou equipes dentro da organização, que é onde a visualização de dados pode ajudar. Esses gráficos, painéis e medidores podem ilustrar as mensagens e percepções dentro dos dados para apresentar as informações à organização em um formato de fácil gestão.

3. **Autoatendimento** – A carga de TI é uma preocupação com os sistemas tradicionais de BI, especialmente em organizações maiores. Geralmente, apenas usuários de TI com experiência têm acesso para operar tais sistemas complexos.

Felizmente, as plataformas de autoatendimento oferecem uma solução para esse problema, proporcionando acesso a esses recursos por meio da democratização do acesso em toda a empresa e variando os níveis de usuário, o que é obtido por meio de interfaces simples e amigáveis, adaptadas a diferentes experiências e níveis de habilidade para diferentes usuários.

4. **Uso de celular** – Os negócios modernos não são mais centralizados. Muitas organizações espalham sua rede por diferentes usuários em uma rede nacional, internacional ou global, todos os quais podem precisar de acesso às ferramentas de análise de dados de sua solução de BI. Como resultado, a capacidade de acessar relatórios, análises e painéis críticos para os negócios é um recurso altamente desejável ao *software* de BI.

Smartphones, tablets, laptops e outras plataformas estão se tornando mais comuns, portanto, os aplicativos de negócios precisam ser adaptados para diferentes dispositivos a fim de permitir o acesso aos usuários globais. A solução de BI precisa ser compatível com dispositivos móveis e acessíveis a qualquer pessoa nessa rede com conexão à internet, ao mesmo tempo em que fornece uma gama completa de ferramentas, recursos e segurança.

Com o que vimos até aqui, já podemos escolher a solução de BI que irá atender a empresa de forma efetiva.

6.2.5 Diálogo com fornecedores de BI

Historicamente, os fornecedores de *software* de BI faziam muitas promessas aos proprietários de empresas que buscavam impulsionar os negócios, mas poucos cumpriam essas promessas. Por causa disso, muitos proprietários de negócios gastam anos e recursos construindo seus sistemas analíticos tradicionais, perdendo as enormes oportunidades potenciais de soluções mais recentes.

Felizmente, novas soluções de BI foram desenvolvidas para atender às demandas dos negócios. No entanto, para isso é necessário fazer as perguntas certas a fim de encontrar o provedor certo. Antes de embarcar em uma nova solução de BI, a seguir apresentamos algumas perguntas que devem serem feitas aos fornecedores de BI, garantindo assim que se obtenha uma solução que seja capaz de atender as necessidades analíticas e de relatórios da empresa ou negócio, agora e no futuro.

1. **Você pode fornecer uma visão abrangente do meu negócio?**

    Mesmo as questões de análise de negócios mais básicas requerem dados de vários sistemas operacionais e fontes para obter uma imagem clara e completa. Por causa disso, um requisito fundamental de BI é a capacidade de acessar e integrar dados de várias fontes sem a necessidade de intervenção complicada de TI.

As abordagens modernas de BI são soluções de cima para baixo, trabalhando desde o modelo de negócios até os dados físicos necessários para os *insights* de negócios. As soluções de BI devem ser capazes de extrair informações de todos os tipos de ativos de dados, incluindo bancos de dados independentes e remotos, para fornecer pontos de vista abrangentes ao usuário. Essas soluções também devem ser capazes de gerenciar as fontes de dados e seus metadados, que são as informações sobre os próprios dados.

2. **Sua solução de BI é acessível?**
Uma das maiores mudanças da BI tradicional para a BI moderna é a acessibilidade. Antes acessíveis apenas para grandes empresas com orçamentos e recursos enormes, os proprietários de pequenas empresas agora têm a capacidade de incorporar soluções de BI em seus modelos sem sobrecarregar seus orçamentos. Infelizmente, isso às vezes significa um compromisso com uma solução de "médio porte", que oferece apenas serviços parciais.
Idealmente, **uma solução de BI totalmente implantada deve ter**:

- uma solução de análise automatizada que combina, enriquece e armazena dados em um armazenamento de dados amigável;
- um modelo que permite que os usuários de negócios apliquem suas métricas e regras aos dados sem comprometer a consistência do sistema total;
- uma camada de BI abrangente que oferece painéis interativos, análises preditivas e relatórios corporativos.

Deve-se procurar uma solução de BI que ofereça uma gama completa de recursos, não parcial, para economizar dinheiro. Sua licença deve incluir todos os componentes de uma solução real, como gerenciamento de metadados, gerenciamento de banco de dados, relatórios em faixas, relatórios *ad hoc*, painéis visuais e muito mais. Todos esses componentes, se integrados, fornecem o maior valor para sua organização.

Esse recurso não precisa ser caro, no entanto. Todos os componentes de custo das soluções tradicionais de BI são proibitivos, como *hardware*, consultores, equipes de TI e manutenção, que não são uma preocupação para o BI moderno. A solução de BI ideal incluirá tudo isso em um preço de licenciamento mensal transparente e acessível, que torna mais fácil implantá-lo e mantê-lo.

3. **Vou ver o valor em 90 dias?**

   O tempo para valorizar é um fator importante no retorno do investimento (*return of investment* – ROI) das soluções de BI. Considerando que o BI tradicional muitas vezes inclui despesas iniciais consideráveis e longos cronogramas de desenvolvimento, as **soluções modernas de BI** reduzem drasticamente o tempo de entrada no mercado com *ferramentas* como:

   - uma plataforma integrada que muda de opções diferentes rapidamente;
   - automação de processos padrão;
   - modelos para requisitos de relatórios padrão;
   - modelos de *software* como serviço ou sob demanda;
   - integração de DWs existentes.

   As soluções modernas de BI apresentam arquitetura totalmente integrada, que fornece todos os componentes e permite que as empresas se concentrem em projetos de alta demanda e se adaptem ao longo do tempo. Isso fornece valor muito mais rápido, reduz os custos contínuos e aumenta a probabilidade de sucesso.

4. **Meus dados estarão seguros e acessíveis?**

   A segurança e o acesso aos dados são duas grandes preocupações para uma solução de BI. A segurança é fundamental, pois faz parte da vantagem competitiva da sua empresa e da privacidade do cliente, mas você também precisa ser capaz de acessar esses dados rapidamente para obter informações importantes.

Uma solução de BI deve fornecer essa disponibilidade de forma confiável, garantindo que se tenha disponibilidade para acessar seus dados quando precisar. Ele também deve ser construído em *hardware* de alto desempenho, que pode não apenas fornecer acesso, mas também ser dimensionado com o tempo para atender às demandas de negócios em constante mudança.

Essa flexibilidade deve se estender aos modelos de segurança, uma vez que a maioria das implantações possui diversos níveis de acesso, de acordo com a função do usuário. Todos os usuários precisam ter o acesso adequado às suas funções, o que é obtido por meio de recursos como filtros de linha e coluna que limitam os dados aos grupos ou indivíduos que precisam deles.

5. **Posso usar esse sistema com TI limitada?**

    Para pequenas empresas com pequenos departamentos de TI, o BI tradicional simplesmente não é uma opção. As soluções modernas de BI têm uma pegada de TI menor, permitindo que a TI se concentre nas principais preocupações e deixando os usuários de negócios trabalharem independentemente em suas análises.

    Sua solução de BI deve exigir poucos recursos de TI, o que não apenas reduz os requisitos de recursos de TI iniciais e contínuos, mas também economiza dinheiro e melhora a velocidade de implantação. Com o *software* como serviço, os componentes do *software* são incluídos e as atualizações acontecem de forma automática e independente, liberando a TI da carga.

    A solução de BI também deve atender às demandas atuais de TI da empresa para segurança, compatibilidade e disponibilidade, bem como atender às demandas de usuários finais. Quando os usuários finais são mais autossuficientes, a TI pode se concentrar em suas próprias responsabilidades sem ser redirecionada para definir relatórios ou painéis.

6. **Esta solução de BI está totalmente integrada?**

   Se muitos produtos ou tecnologias precisarem ser aparafusados, existem riscos, como lacunas ou integrações abaixo da média, que podem comprometer a segurança ou a usabilidade. A falta de integração total não é apenas cara e altamente especializada, mas também requer configuração e suporte separados para cada componente.

   Os provedores de BI modernos eliminam a necessidade de tecnologias, configuração e suporte separados, fornecendo todas as funcionalidades principais em uma solução. Uma única solução com um conjunto de estruturas de dados, comandos e sintaxe garante que seus usuários só precisem ser treinados uma vez para desenvolver aplicativos na plataforma, livre de codificação personalizada.

7. **Os usuários comerciais podem criar seus próprios painéis e relatórios?**

   Conhecimento e velocidade são vitais para um negócio competitivo. O BI deve fornecer as informações aos usuários finais para capacitá-los a tomar decisões rápidas e criteriosas em tempo real. Infelizmente, muitas soluções de BI não oferecem isso de maneira verdadeiramente autossuficiente.

   Para um verdadeiro autoatendimento, sua solução de BI deve ser fácil de aprender e de usar, oferecendo a capacidade de os usuários de negócios serem treinados no sistema em poucos dias. O sistema também deve ter padrões de interface de usuário, como caixas suspensas, recursos de arrastar e soltar e destaques, que já são familiares para um usuário experiente na internet.

   Os dados também devem ser fáceis de explorar e analisar, oferecendo recursos de detalhamento para acessar *insights* mais profundos ou filtrar informações. Esses recursos também devem ser rápidos, oferecendo uma análise responsiva de várias tabelas e fontes de dados.

8. **A solução de BI pode ser dimensionada para uma grande base de usuários?**

   Independentemente de quão modestas as necessidades de BI comecem, elas podem crescer em grandes implantações com o tempo, então é preciso ter certeza de que a solução está pronta para lidar com essas demandas.

   Uma solução de BI moderna é altamente flexível e escalável, permitindo que as empresas comecem pequenas, mas adicionem usuários rapidamente e em uma escala significativa.

9. **A solução de BI pode acompanhar as mudanças nas necessidades de negócios?**

   O cenário de negócios em constante mudança é um desafio que todas as empresas, grandes ou pequenas, enfrentam, mas as soluções de BI podem oferecer a flexibilidade necessária para avançar a novas demandas de negócios sem problemas. Mudanças em clientes, produtos, fornecedores e concorrentes exigem uma solução ágil que se adapte ao ambiente dinâmico sem grandes reconstruções de sistemas e *software*.

   Uma solução de BI bem-sucedida deve ser capaz de adicionar novas fontes de dados perfeitamente, sem uma redefinição da solução e sem intervenção significativa de TI. Também deve modelar as mudanças que ocorrem ao longo do tempo e oferecer perspectivas históricas sobre os dados.

6.2.6 Limpeza de dados

A limpeza de dados é o processo de garantir que seus dados sejam precisos, consistentes e atuais, identificando quaisquer erros ou corrupções. A partir daí, é necessário certificar-se de corrigir ou excluir quaisquer inconsistências ou imprecisões, bem como de processar os dados para garantir que os erros não ocorram novamente.

6.2.7 Treinamento dos funcionários

Um novo *software* pode ser intimidante para alguns funcionários, especialmente àqueles que se acostumaram com os processos atuais. Antes que o *software* de BI possa ajudar sua empresa, você precisa ter certeza de que seus funcionários estão confortáveis com o novo *software* e confiam totalmente em suas habilidades.

A análise de dados não é mais um luxo, mas uma necessidade. Portanto, os funcionários precisam abraçar esse ambiente em evolução e se preparar para as mudanças que o *software* de inteligência de negócios pode trazer. Isso só pode ser alcançado por meio de treinamento completo e contínuo.

6.2.8 Instauração rápida e ajustes

Os relatórios podem não sair perfeitos nos primeiros testes, visto que as soluções de BI evoluem durante o uso da ferramenta. O *software* de inteligência de negócios é projetado para evoluir junto com os negócios, razão por que é necessário colocar foco em implantar os relatórios mais valiosos rapidamente e, em seguida, ajustar todo o resto durante o avanço da implementação.

6.2.9 Abordagem integrada

É imprescindível focar em uma abordagem integrada para construir o DW, assim evitando uma estratégia de dados impraticável no futuro. Todos os dados de vários bancos de dados devem ser extraídos, transformados e carregados, fornecendo um formato comum no qual todos os conjuntos de dados são compatíveis uns com os outros.

6.2.10 Estabelecimento de objetivos

Os dados em si são inúteis, mas os *insights* que se obtém deles podem expandir os negócios. Antes de usar os dados com eficácia, será preciso definir seus objetivos e os benefícios específicos que se espera obter com os dados e, em seguida, reavaliar continuamente para se manter no caminho certo. Durante o início da utilização da solução de BI, é importante validar dados continuamente, pois uma abordagem iterativa para BI corporativo também é significativa quando se trata de validação de dados. Para uma solução de BI, a integridade dos dados é crucial. Pode-se facilmente perder a confiança dos usuários finais para sempre se os dados forem considerados imprecisos durante a implementação inicial. Ficar constantemente à frente dos dados permite mais oportunidades de detectar erros e torna o estágio final de validação/controle de qualidade mais fácil para a equipe toda.

Assim, comece utilizando a solução de BI de forma gradual para os departamentos: em vez de forçar toda a empresa a fazer uma mudança completa de uma vez, lançar o aplicativo de BI para departamentos individuais e/ou áreas de negócios permite que a equipe envolvida no projeto concentre os recursos um pouco de cada vez para certificar-se de que o lançamento seja suave e bem-sucedido. O "boca a boca" positivo sobre a implementação bem-sucedida e a utilidade da ferramenta pode deixar outros departamentos entusiasmados com suas implementações e mais envolvidos quando chegar a sua vez.

Quando todos os setores já estiverem utilizando a solução implantada, tenha em mente que o BI não é um projeto único. É um sistema vivo que respira e requer cuidados e alimentação constantes. Conforme a empresa cresce e muda, será preciso ajustar o sistema de BI para acomodar essas novas mudanças; e ter uma abordagem de implantação iterativa para suportá-lo tornará tudo mais fácil e sustentável.

6.3 Entendendo a fonte de dados

Os dados representam o principal ingrediente de qualquer iniciativa de BI, ciência de dados e análise de negócios. Na verdade, podem ser encarados como a matéria-prima daquilo que as populares tecnologias de decisão produzem: informações com valor agregado, *insight* e conhecimento. Sem dados, nenhuma dessas tecnologias poderia existir nem ser popularizada, ainda que tradicionalmente costumássemos desenvolver modelos analíticos usando conhecimentos especializados e experiências, associados a poucos ou a nenhum dado.

No entanto, atualmente os dados são essenciais. Se antes eram vistos como um grande desafio para coletar, armazenar e administrar, hoje são amplamente considerados o bem mais valioso de uma organização, com o potencial de criar informações inestimáveis para melhor compreender clientes, concorrentes e processos comerciais.

Os dados podem vir em pequena quantidade ou em abundância. Podem ser estruturados (bem-organizados, para serem processados por computador) ou desestruturados (como os textos criados por humanos e, portanto, não preparados para serem compreendidos/consumidos por computadores). Podem se apresentar em lotes pequenos e contínuos ou ser despejados todos em um único lote. Essas são algumas das características que definem a natureza inerente dos dados, às quais chamamos de *big data*.

Muito embora essas características tornem o processamento e o consumo de dados mais desafiadores, também podem torná-los mais valiosos, já que enriquecem os dados além dos limites convencionais, permitindo a descoberta de conhecimento novo e inovador. Modos tradicionais de coletar dados manualmente (seja via questionários, seja via transações comerciais digitadas por humanos) foram, em grande parte, substituídos por mecanismos mais modernos de coleta que utilizam a internet e/ou as redes computadorizadas baseadas em sensores. Esses sistemas automatizados de coleta de dados não apenas estão permitindo que coletemos maiores volumes, como também estão melhorando a qualidade dos dados e sua integridade. Vemos a seguir uma figura que mostra um típico contínuo de análise de negócios dados, seguido de análise de dados e de informações práticas.

Figura 6.1 – Tipo contínuo de análise de dados

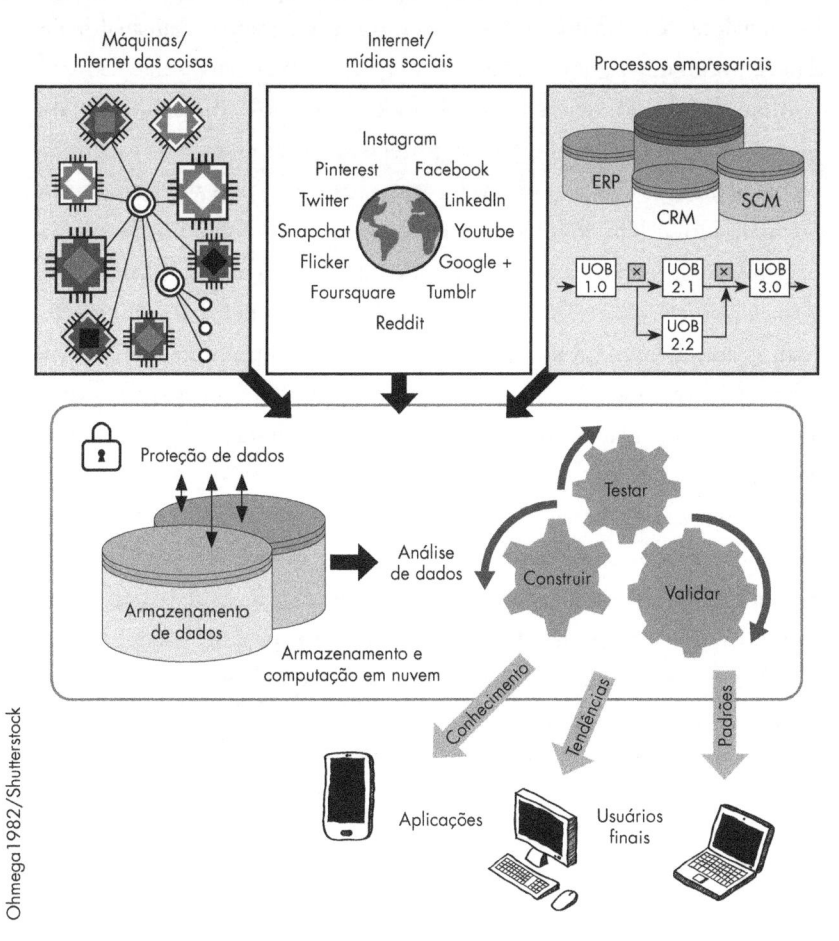

Fonte: Sharda; Delen; Turban, 2019, p. 67.

Embora sua proposta de valor seja inegável, os dados precisam obedecer a alguns parâmetros básicos de usabilidade e qualidade. Nem todos os dados são úteis para todas as tarefas, obviamente; ou seja, os dados precisam corresponder (cumprir com as especificações adequadas) às tarefas para a qual visa ser usado. Mesmo para uma tarefa específica, os dados relevantes à disposição precisam obedecer a exigências de qualidade e quantidade. Essencialmente, os dados precisam estar prontos para o uso em análise de dados. Mas o que significa estar pronto para o uso em análise de dados?

Além de sua relevância ao problema em questão e das exigências de qualidade/quantidade, eles também precisam apresentar certa estrutura, contando com os campos/variáveis básicos com os valores adequadamente normalizados. Além do mais, é preciso que haja uma definição aceita pela organização inteira para variáveis e padrões comuns (às vezes chamada de *gerenciamento de dados mestres*), como a definição de cliente (quais características dos clientes são usadas para produzir uma representação holística o bastante para a análise de dados) e a que altura do processo comercial as informações relacionadas aos clientes são capturadas, validadas, armazenadas e atualizadas.

Às vezes, a representação dos dados pode depender do tipo de análise de dados que está sendo empregada. Como os algoritmos preditivos geralmente requerem um arquivo plano com uma variável-alvo, deixar um conjunto de dados pronto para análise de dados preditiva significa que eles devem ser transformados em formato de arquivo plano e preparados para o processamento por parte de tais algoritmos. Também é imperativo adequar os dados às necessidades e exigências de um algoritmo preditivo específico e/ou de uma ferramenta de *software*. Por exemplo, algoritmos de rede neural exigem que todas as variáveis de entrada sejam representadas numericamente (até mesmo as variáveis nominais precisam ser convertidas em variáveis numéricas pseudobinárias); já algoritmos de árvore de decisão não exigem tal transformação numérica, lidando de forma fácil e nativa com uma mistura de variáveis nominais e numéricas.

Projetos de análise de dados que ignoram tarefas de adequação de dados (algumas das etapas mais cruciais), muitas vezes, acabam gerando respostas erradas para o problema certo, e essas respostas, aparentemente boas, criadas sem querer, podem levar a decisões imprecisas e inoportunas. A seguir, listamos algumas das características (métricas) que definem a adequação dos dados (Hurley, 2020).

- **Confiabilidade da fonte de dados** – Diz respeito à originalidade e à adequação do meio de armazenamento de onde os dados foram obtidos. Cabe, portanto, responder à pergunta: Tenho confiança e crença suficientes nessa fonte de dados? Caso seja possível, é recomendável procurar o criador/a fonte original dos dados a fim de eliminar/mitigar as possibilidades de deturpação e transformação de dados devido a problemas em sua transferência desde a fonte até o destino, em qualquer das etapas ao longo caminho. Cada movimentação dos dados acaba criando a chance de que alguns de seus itens sejam deixados para trás ou reformatados, o que limita a integridade e talvez até a precisão do conjunto de dados.
- **Precisão do conteúdo dos dados** – Significa que os dados estão corretos e adequados para o problema de análise de dados. Cabe, portanto, responder à pergunta: Disponho dos dados certos para o trabalho? Os dados devem representar o que foi almejado ou definido por sua fonte original. Informações de contato de um paciente, por exemplo, registradas em uma base de dados devem ser idênticas ao que foi informado por ele. A precisão dos dados será examinada em mais detalhes na subseção a seguir.
- **Acessibilidade aos dados** – Significa que os dados são fácil e rapidamente obteníveis. Cabe, portanto, responder à pergunta: Posso chegar até os dados quando precisar? O acesso aos dados pode ser algo complicado, sobretudo se eles estiverem armazenados em mais de um local e meio de armazenamento e precisarem ser fundidos/transformados durante seu acesso ou obtenção. À medida que os sistemas tradicionais de gerenciamento de banco de dados relacional vão abrindo espaço a (ou coexistindo com) uma nova geração de meios de armazenamento de dados, como *data lakes* e infraestrutura Hadoop, a importância/o imperativo de acessibilidade de dados também vem aumentando.
- **Segurança e privacidade de dados** – Significam que os dados estão assegurados apenas para aquelas pessoas com a autoridade e a necessidade de acesso a eles, impedindo que todas as demais os acessem. O aumento da popularidade de diplomas universitários e

programas de qualificação em "Garantia de Informações" é uma prova da importância e crescente urgência desse parâmetro de qualidade de dados. Qualquer organização que mantenha registros de saúde de pacientes individuais deve dispor de sistemas vigentes capazes não apenas de salvaguardar os dados contra acessos não autorizados (o que está previsto em leis federais como a Health Insurance Portability and Accountability Act), mas também de identificar precisamente a quais pacientes devem ser concedido acesso adequado e ágil a registros limitados apenas a usuários autorizados.

- **Riqueza de dados** – Significa que todos os elementos exigidos estão incluídos no conjunto de dados. Essencialmente, a riqueza (ou abrangência) significa que as variáveis disponíveis retratam a matéria com uma riqueza suficiente de dimensões para garantir a precisão e a validade de um estudo de análise de dados. Significa também que o conteúdo informativo está completo (ou quase) para a criação de um modelo de análise de dados preditivo e/ou prescritivo.

- **Consistência dos dados** – Significa que os dados foram coletados e combinados/fundidos com precisão. Dados consistentes representam as informações dimensionais (variáveis de interesse) provenientes de fontes potencialmente díspares, mas envolvendo o mesmo tema. Quando a integração/fusão de dados não é feita de modo adequado, algumas das variáveis de temas diferentes podem acabar parando no mesmo registro – como na mistura de prontuários médicos de dois pacientes diferentes. Isso pode ocorrer, por exemplo, durante a fusão de registros de dados demográficos e resultados de testes clínicos.

- **Valor corrente/atualidade dos dados** – Significa que os dados devem estar atualizados (ou serem o mais recentes/novos quanto possível) para determinado modelo de análise de dados. Significa também que os dados devem ser registrados exatamente ou próximo ao instante do evento ou da observação, de modo a evitar uma representação errônea (lembrança ou codificação incorreta) deles. Como a análise de dados de precisão depende de dados precisos e atualizados, uma característica essencial dos dados nesse contexto é a agilidade de criação e de acesso a seus elementos.

- **Granularidade de dados** – Exige que as variáveis e os valores dos dados estejam definidos no nível mais básico (ou tão básico quanto necessário) de detalhamento para o uso almejado dos dados. Se os dados forem agregados, podem não conter o nível necessário de detalhe para que um algoritmo de análise de dados aprenda a discernir diferentes registros/casos uns dos outros. Em um ambiente médico, por exemplo, valores médicos para resultados laboratoriais devem ser registrados com a casa decimal apropriada para a interpretação almejada de tais resultados e o uso adequado desses valores em um algoritmo de análise de dados. De modo similar, numa coleção de dados demográficos, os elementos dos dados devem ser definidos em um nível granular para determinar as diferenças em resultados de atendimento entre várias subpopulações. Algo a ser lembrado é que dados que são agregados não podem ser desagregados (sem que haja acesso à fonte original), mas podem ser facilmente agregados a partir de sua representação granular.
- **Validade dos dados** – É o termo usado para descrever uma correspondência/um descompasso entre os valores reais e esperados para uma determinada variável. Como parte da definição de dados, a faixa de valor ou valores aceitáveis para cada elemento de dados deve ser definida. Em termos de gêneros, por exemplo, uma definição de dados válidos poderia incluir três valores: masculino, feminino e desconhecido.
- **Relevância dos dados** – Significa que todas as variáveis no conjunto de dados são relevantes para o estudo que está sendo conduzido. A relevância não é um parâmetro dicotômico (em termos de uma variável ser relevante ou não); na verdade, apresenta um espectro de relevância desde o menos relevante até o mais relevante. Dependendo dos algoritmos de análise de dados usados, pode-se optar por incluir apenas as informações (isto é, as variáveis) mais relevantes ou, se o algoritmo for capaz de filtrá-las, por incluir os relevantes, qualquer que seja seu nível de relevância. Os estudos de análise de dados devem evitar incluir dados totalmente irrelevantes no seu modelo, já

que isso pode contaminar as informações para o algoritmo, levando a resultados imprecisos ou enganosos.

Embora esses talvez sejam os parâmetros mais predominantes a serem levados em consideração, a verdadeira qualidade de dados e a excelente preparação para uma aplicação específica em análise de dados exigiria níveis diferentes de ênfase sobre esses parâmetros e, talvez, até a inclusão de outros mais específicos a essa coleção. Na seção a seguir, mergulharemos na natureza dos dados de um ponto de vista taxonômico para listar e definir diferentes espécies de dados em termos de sua relação com diferentes projetos de análise de dados (Sharda; Delen; Turban, 2019).

6.4 Ferramentas de BI

Para iniciarmos, falaremos sobre a descoberta de dados, que costumava ser limitada à experiência de especialistas em análises avançadas e, hoje, com as ferramentas de BI, tornou-se algo que todos podem fazer. E não apenas isso: essas ferramentas fornecem os *insights* fundamentais para real crescimento, resolução de problemas urgentes, coleta de todos os dados em um só lugar, previsão de resultados etc.

Vejamos agora as 10 ferramentas de BI já existentes no mercado e com eficiência comprovada. É importante salientar que todas variam em robustez, recursos de integração, facilidade de uso (de uma perspectiva técnica) e custos.

6.4.1 SAP BI

SAP BI é uma empresa que desenvolve um *software* com várias soluções analíticas avançadas, incluindo analítica preditiva de BI em tempo real, aprendizado de máquina e planejamento e análise. A plataforma de BI, em particular, oferece relatórios e análises, aplicativos de visualização e análise de dados, integração de escritório e análises móveis. SAP é um *software* robusto destinado a todas as funções (TI, usos finais e gerenciamento) e dispõe de muitas funcionalidades em uma plataforma.

6.4.2 MicroStrategy

A MicroStrategy é uma ferramenta de BI que propicia painéis poderosos (e de alta velocidade) e análise de dados para monitorar tendências, reconhecer novas oportunidades, melhorar a produtividade e muito mais. Os usuários podem se conectar a uma ou várias fontes, sejam dados recebidos de uma planilha, seja um *software* baseado em nuvem ou de dados corporativos. Ele pode ser acessado pelo *desktop* ou celular.

6.4.3 BI Datapine

Datapine é uma plataforma de BI tudo-em-um que facilita o processo complexo de análise de dados, mesmo para usuários não técnicos. Graças a uma abordagem de análise de autoatendimento abrangente, a solução da Datapine permite que analistas de dados e usuários de negócios integrem diferentes fontes de dados, realizem análises de dados avançadas, construam painéis de negócios interativos e gerem *insights* de negócios acionáveis.

6.4.4 SAS BI

Embora a oferta mais popular da empresa que desenvolve esse *software*, a SAS, seja sua análise preditiva avançada, ela também fornece uma excelente plataforma de BI. É uma ferramenta de autoatendimento que alavanca dados e métricas para que se tomem decisões informadas sobre negócios. Empregando-se seu conjunto de APIs (*application programming interfaces*, em português, interfaces de programação de aplicação), recebem-se muitas opções de personalização, e o SAS garante integração de dados de alto nível e análises e relatórios avançados.

6.4.5 Yellowfin BI

Yellowfin BI é uma ferramenta de BI e plataforma de análise "ponta a ponta" que combina visualização, aprendizado de máquina e colaboração. Com ela, podem-se filtrar toneladas de dados intuitivos (por exemplo, caixas de seleção e botões de opção), bem como abrir painéis em qualquer lugar graças à flexibilidade dessa ferramenta em acessibilidade (celular, página da *web* etc.).

6.4.6 QlikSense

QlikSense é um produto da Qlik, uma empresa também conhecida por outra ferramenta de BI chamada *QlikView*. Pode-se usar o QlikSense de qualquer dispositivo a qualquer momento. A interface do usuário do QlikSense é otimizada para tela sensível ao toque, o que o torna uma ferramenta de BI muito popular. Um grande diferencial é o recurso *storytelling*. Os usuários adicionam sua experiência aos dados e, ao aplicarem instantâneos e destaques, podem analisá-los e tomar decisões corretas facilmente.

6.4.7 Zoho Analytics

Recomenda-se usar Zoho Analytics para relatórios detalhados e análise de dados. Essa ferramenta de BI tem sincronização automática de dados e pode ser agendada periodicamente. Pode-se construir um conector facilmente usando-se a interface de programação de aplicação (API) de integração. É possível, ainda, combinar e mesclar dados de fontes diferentes e criar relatórios significativos. Com um editor fácil, produzem-se relatórios e painéis personalizados, ampliando-se os detalhes importantes.

Perguntas & respostas

O que são as APIs e como são utilizadas?

Uma API é definida como uma especificação de possíveis interações com um componente de *software*. O que isso significa exatamente? Bem, imagine que um carro seja um componente de *software*. Sua API incluiria informações sobre o que ele pode fazer: acelerar, frear, ligar o rádio, entre outras coisas. Também apresentaria informações sobre como executar essas ações. Por exemplo, para acelerar, você põe o pé no acelerador e empurra.

A API não precisa explicar o que acontece dentro do motor quando você põe o pé no acelerador. É por isso que, se você aprendeu a

> dirigir um carro com motor de combustão interna, pode se sentar ao volante de um carro elétrico sem ter de aprender um novo conjunto de habilidades. As informações de *o que* e *como* vêm juntas na definição da API, que é abstrata e separada do próprio carro. Uma coisa a se ter em mente é que o nome de algumas APIs é frequentemente usado para se referir à especificação das interações e ao componente de *software* real com o qual se interage.

6.4.8 Sisense

Não é realmente um especialista em tecnologia? Então, a ferramenta de BI Sisense pode ser para você. Essa ferramenta amigável viabiliza que qualquer pessoa em uma organização gerencie conjuntos de dados grandes e complexos, bem como analise e visualize esses dados sem o envolvimento do departamento de TI. Ela possibilita reunir dados de uma ampla variedade de fontes, incluindo Adwords, Google Analytics e Salesforce, sem mencionar que, por usar tecnologia *in-chip*, os dados são processados com bastante rapidez em comparação com outras ferramentas.

6.4.9 Microsoft Power BI

O Microsoft Power BI é um conjunto de ferramentas de análise de negócios com base na *web* que se destaca na visualização de dados. Ele permite que os usuários identifiquem tendências em tempo real e apresenta novos conectores que permitem aprimorar um jogo em campanhas. Por ser baseado na *web*, o Microsoft Power BI pode ser acessado de praticamente qualquer lugar. Esse *software* também permite que os usuários integrem seus aplicativos e forneçam relatórios e painéis em tempo real.

6.4.10 Looker

O aplicativo de descoberta de dados Looker é outra ferramenta de BI a se observar. Essa plataforma se integra com qualquer banco de dados

Linguagem de Consulta Estruturada (*Structured Query Language* – SQL) ou DW. É ótima para *startups*, empresas de médio porte ou empresas de nível empresarial. Alguns benefícios dessa ferramenta específica englobam facilidade de uso, visualizações úteis, recursos de colaboração poderosos – porque dados e relatórios podem ser compartilhados por *e-mail*, bem como integrados com outros aplicativos – e suporte confiável (equipe de tecnologia).

Para saber mais

Acesse o *site* das desenvolvedoras para saber mais sobre essas 10 ferramentas:
SAP. Disponível em: <www.sap.com>. Acesso em: 25 abr. 2021.
MICROSTRATEGY. Disponível em: <www.microstrategy.com>. Acesso em: 25 abr. 2021.
DATAPINE. Disponível em: <www.datapine.com>. Acesso em: 25 abr. 2021.
SAS. Disponível em: <www.sas.com>. Acesso em: 25 abr. 2021.
YELLOWFIN. Disponível em: <www.yellowfinbi.com>. Acesso em: 25 abr. 2021.
QLIK. Disponível em: <www.qlik.com>. Acesso em: 25 abr. 2021.
ZOHO ANALYTICS. Disponível em: <www.zoho.com/analytics>. Acesso em: 25 abr. 2021.
SISENSE. Disponível em: <www.sisense.com>. Acesso em: 25 abr. 2021.
MICROSOFT POWER. Disponível em: <https://powerbi.microsoft.com/en-us/>. Acesso em: 25 abr. 2021.
LOOKER. Disponível em: <www.looker.com>. Acesso em: 25 abr. 2021.

6.5 Retroação em BI

A retroação consiste na melhoria contínua dos módulos e das funcionalidades da solução de BI e suas ferramentas, personalizando cada vez mais seus recursos de acordo com o contexto da empresa e suas exigências.

A retroação seria como o último passo de implementação do BI. Após a solução já estar funcionando, a equipe responsável pela retroação monitoraria continuamente a utilização do BI pelos seus usuários. Também é fundamental manter a comunicação direta com os usuários finais para saber de possíveis pontos a melhorar ou problemas que estão acontecendo durante a utilização do BI.

A equipe responsável pela retroação preservaria o foco na melhoria contínua, sempre objetivando que informações com valor agregado sejam obtidas pelos usuários da solução de BI com velocidade e precisão.

Estudo de caso

Os *dashboards* informativos são componentes comuns na maioria, senão em todas, das plataformas de análise de negócios, sistemas de gestão de desempenho empresarial e pacotes de *software* para avaliação de desempenho. Os *dashboards* oferecem exibições visuais de importantes informações consolidadas e organizadas numa única tela, para que possam ser digeridas num simples relance e facilmente exploradas e aprofundadas.

[...]

Fundado em 1960, o time de futebol americano Dallas Cowboys está sediado em Irving, Texas. O time conta com uma enorme torcida espalhada por todo o país, o que fica claro por seu recorde de jogos consecutivos com casa cheia na NFL.

Desafio

Bill Priakos, diretor operacional da divisão de *merchandising* do Dallas Cowboys, e sua equipe precisavam obter melhor visibilidade de seus dados para extrair deles maior lucratividade. A Microsoft foi escolhida como a plataforma referencial para esse *upgrade*, bem como para inúmeras outras aplicações em vendas, logística e comércio eletrônico (em MW).

Os Cowboys esperavam que essa nova arquitetura de informações proporcionaria a análise de dados e os relatórios necessários. Infelizmente, isso acabou não se confirmando, dando início a uma busca por uma ferramenta robusta de *dashboard*, análise de dados e extração de relatórios para preencher essa lacuna.

Soluções e resultados

Juntas, a Tableau e a Teknion proporcionaram capacidades de *dashboard* e extração de relatórios em tempo real que excederam as exigências dos Cowboys. Sistemática e metodicamente, a equipe Teknion trabalhou lado a lado com os proprietários e usuários de dados dentro do Dallas Cowboys para entregar toda a funcionalidade exigida, dentro do prazo e abaixo do orçamento. "Já no início do processo, conseguimos compreender com clareza o que seria necessário para garantir operações mais lucrativas para os Cowboys", afirmou Bill Luisi, vice-presidente da Teknion. "Essa etapa do processo é fundamental para a abordagem da Teknion junto a qualquer cliente, trazendo enormes retornos mais adiante no plano de implementação". Luisi conclui: "Obviamente, a Tableau trabalhou de perto conosco e com os Cowboys durante todo o projeto. Juntas, asseguramos que os Cowboys pudessem cumprir com suas metas analíticas e de extração de relatórios em tempo recorde".

Agora, o Dallas Cowboys está conseguindo pela primeira vez monitorar por completo suas atividades de *merchandising*, desde a fabricação até o cliente final, podendo não apenas enxergar o que está acontecendo ao longo do ciclo inteiro, mas também se aprofundar em cada detalhe.

Atualmente, essa solução de BI é usada para reportar e analisar atividades comerciais da divisão de *merchandising*, que é responsável por todas as vendas relacionadas à marca Dallas Cowboys. Estimativas do ramo afirmam que os Cowboys geram 20% de todas as vendas de mercadorias na NFL, corroborando a ideia de que são a franquia esportiva mais reconhecida no planeta.

Segundo Eric Lai, repórter da ComputerWorld, Tony Romo e os demais jogadores do Dallas Cowboys podem ter ficado apenas na média dentro das quatro linhas nos últimos anos, mas fora de campo, especialmente em se tratando de *merchandising*, eles seguem sendo o time da América.

Em complemento a esse estudo, você pode seguir os procedimentos adiante:

- Examinar um exemplo de como criar um *dashboard* no Excel.

  RAMOS, D. **How to Create a Dashboard in Excel**. 28 Mar. 2016. Disponível em: <https://www.smartsheet.com/how-create-dashboard-excel>. Acesso em: 22 abr. 2021.

- Ler a reportagem sobre a utilização de *dashboard* no gerenciamento de vendas dos Cowboys no *link* a seguir. É importante observar como os Cowboys mantiveram o foco em suas vendas mesmo não indo muito bem nos campos. Sua estratégia de *marketing* e controle de vendas se mostrou, como vimos, muito eficaz.

  FINK, E. **ComputerWorld Tells How Dallas Cowboys Sell More Jerseys**. 8 Oct. 2009. Disponível em: <https://www.tableau.com/blog/computerworld-dallas-cowboys-business-intelligence>. Acesso em: 22 abr. 2021.

- Relembrar a definição de *dashboard* e aprofundá-la lendo o trecho a seguir e acessando o *link* indicado.

A definição mais precisa seria a de Stephen Few, fundador da Perceptual Edge e renomado consultor e educador nas áreas de BI e *design* de informações. Ele comenta que um *dashboard* é a apresentação visual das informações mais importantes e necessárias para se alcançar um ou mais objetivos de negócio, consolidadas e ajustadas em uma única tela para que possam ser monitoradas de forma ágil.

> SANROMA, L. **O que é dashboard?** 19 out. 2017.
> Disponível em: <https://www.dashboarddesign.com.br/o-que-e-dashboard/>. Acesso em: 22 abr. 2021.

Síntese

Neste capítulo, vimos que:

- Os dados e as informações são essenciais para os negócios modernos. Nesse contexto, as empresas precisam produzir, coletar e armazenar grandes quantidades de dados, bem como ter a capacidade de deles extrair informações importantes para usá-las de maneira produtiva.
- A implementação de uma solução de BI é antecedida pela preparação da equipe técnica que executará o trabalho, a qual precisa contar com: um analista de negócios, para definir os problemas deste; um engenheiro de computação com experiência em aquisição de dados, para implementar a coleta de dados; e um cientista de dados ou especialista em aprendizado de máquina, cuja responsabilidade será processar os dados para extrair informações com valor agregado que sejam acionáveis.
- A implementação divide-se em seis passos:
    1. Definição quantificável de requisitos.
    2. Aprimoramento da capacidade de coletar dados.
    3. Coleta de dados.
    4. Análise de dados.
    5. Extração de informações com valor agregado dos resultados de análises de dados.
    6. Análise qualitativa de dados.
- Normalmente, fornecedores de *software* e soluções de BI fazem diversas promessas a proprietários de negócios que dificilmente são

cumpridas. Por causa disso, esses empresários gastam tempo e recursos construindo seus próprios sistemas analíticos tradicionais.

- No início da aplicação da solução de BI, é importante validar dados continuamente – já que sua integridade é crucial –, contexto em que uma abordagem interativa para BI corporativo também é significativa. BI é um ativo que transforma as informações em vantagem competitiva; portanto, é fundamental verificar se ele está tendo um bom desempenho ou se precisa de ajustes.
- Os dados representam o principal ingrediente de qualquer iniciativa de BI, ciência de dados e análise de negócios.

Questões para revisão

1. Durante a implementação de uma solução de BI, a etapa em que se definem seus objetivos e suas premissas de modo quantificável é de suma importância, já que muitos dos avanços fomentados por BI são intangíveis. Isso se torna um balizador para que a equipe saiba se está, de fato, no caminho certo.

    Sobre isso, assinale a alternativa que apresenta um elemento quantificável:

    a. Qualidade das informações.
    b. Tempo.
    c. Otimização de processos.
    d. Satisfação do usuário final.
    e. Processamento de dados de diferentes tipos.

2. Ao refletirmos sobre a implementação de uma solução de BI já existente no mercado, vimos, na escolha do *software*, quatro exemplos de recursos analíticos avançados que podem beneficiar as empresas. Acerca disso, analise o trecho a seguir.

    As empresas e os negócios modernos não são mais centralizados. Diversas organizações ramificam sua rede (nacional ou internacional) por diferentes usuários, os quais sempre precisam acessar as ferramentas de análises de dados da solução de BI. Por isso, possibilitar o exame de relatórios, análises e painéis críticos para os negócios é um recurso altamente desejável para *softwares* de BI.

Agora, assinale a alternativa que indica o exemplo ao qual esse texto se refere:

a. Integração segura.
b. Ferramentas personalizáveis.
c. Autoatendimento.
d. Uso do celular.
e. Diversos pontos de acesso.

3. A retroação é comumente efetuada na implementação de uma solução de BI. Sobre isso, assinale a alternativa que descreve corretamente o que é essa prática:

a. Primeira etapa de implementação da BI, com foco na melhoria contínua, inclusive de ferramentas já usadas.
b. Última etapa de implementação da BI, com foco em revisar e conferir esse processo, mas sem efetivar nenhuma alteração.
c. Terceira etapa de implementação da BI, com foco em melhoria contínua.
d. Etapa de análise executada no meio da implementação de uma solução de BI.
e. Última etapa de implementação da BI, com foco na melhoria contínua, inclusive de ferramentas já usadas.

considerações finais

A relevância do conhecimento sobre funcionamento, implementação ou estrutura de solução de *business intelligence* (BI), de modo geral, reside, entre tantos outros fatores, em suas contribuições para a formação dos profissionais atuais. Essa interação homem-máquina é e será cada vez mais exigida pelo mercado. A capacidade de a máquina processar dados e gerar informações é uma das maiores descobertas do homem na atualidade. Cabe a nós entendermos como essa ferramenta funciona e aprendermos a usá-la da melhor maneira possível.

As considerações introdutórias deste livro expuseram como esse tipo de solução já está presente em nosso dia a dia, perpassando todos os mercados e países do mundo. Também foram apresentadas a diferença e o impacto positivo que o BI traz para companhias, negócios ou empresas que o implementaram de forma bem-sucedida. Diante disso, a tomada de decisões nunca mais será a mesma no mundo dos negócios.

No Capítulo 1, discutimos, além de seu funcionamento e sua lógica, o impacto significativo que uma solução de BI é capaz de acarretar. Nos Capítulos 2 e 3, vimos aspectos teóricos e conceitos (conteúdos como metadados e *data mining*) necessários ao entendimento completo da arquitetura, da estrutura e do funcionamento de BI.

Já nos Capítulos 4 e 5, promovemos uma aproximação entre ferramentas importantes utilizadas não apenas em soluções de BI, mas na indústria e nos negócios de modo geral. Nesse sentido, examinamos técnicas de *benchmarking*, PDCA e reengenharia de processos.

Por fim, no Capítulo 6, apresentamos as técnicas e o passo a passo da implementação de BI, o que tocou na formação de equipes, na identificação das fontes de dados e na metodologia requerida para a implementação, de maneira eficaz e assertiva, dessa solução.

Partindo dessas explanações, acreditamos que assimilar esses aspectos de uma solução de BI é primordial para os futuros profissionais ligados a tomada de decisões. Já sofremos o impacto da mudança nos dias de hoje e, com certeza, isso se intensificará nos próximos anos.

lista de siglas

ABPMP – Association of Business Process Management Professionals International
API – *application programming interface*
BI – *business intelligence*
BPM – *Business Process Management*
BPR – *Business Process Reengineering*
CPU – *central processing units*
CRISP-DM – *cross-industry standard process for data mining*
CRM – *Customer Relationship Management*
DM – *data mart*
DSS – *decision support systems*
DW – *data warehouse*
EDW – *enterprise data warehouse*
ERD – *entity-relationship diagrams*
ERP – *Enterprise Resource Planning*
ETDW – *Enterprise Travel Data Warehouse*
ETL – *extract, transform, load*
IA – inteligência artificial
KDD – *knowledge discovery in databases*
KPI – *key process indicator*
MVP – *minimum viable product*

ODS – *operational data store*
Olap – *on-line analytical processing*
OLTP – *on-line transaction processing*
PC – *personal computer*
PDCA – *plan-do-check-act*
PM – *project manager*
RDBMS – *relational database management system*
ROI – *return of investment*
SCM – *supply chain management*
SDCA – *standardize-do-check-act*
SI – sistemas de informação
Sipoc – *supplier, input, process, output, costumer*
SQL – *Structured Query Language*
TI – tecnologia da informação
TQM – *total quality management*
XML – *Extensible Markup Language*

referências

ALMEIDA, P. S. de. **Gestão da manutenção aplicada as áreas industrial, predial e elétrica**. São Paulo: Érica; Saraiva, 2018.

ARIYACHANDRA, T.; WATSON, H. Key Organizational Factors in Data Warehouse Architecture Selection. **Decision Support Systems**, v. 49, n. 2, p. 200-212, May 2010.

BOGAN, C. E.; ENGLISH, M. J. **Benchmarking for Best Practices**: Winning Through Innovative Adaptation. New York: McGraw-Hill, 2014.

BROCKE, J. vom; ROSEMANN, M. **Manual de BPM**: gestão de processos de negócio. Tradução de Beth Honorato. Porto Alegre: Bookman, 2013.

CAIÇARA JUNIOR, C. **Sistemas integrados de gestão**: ERP – uma abordagem gerencial. 2. ed. Curitiba: InterSaberes, 2015.

DAVENPORT, T. H. **Reengenharia de processos**: como inovar na empresa através da tecnologia da informação. Tradução de Waltensir Dutra. 2. ed. Rio de Janeiro: Campus, 1994.

EVELSON, B. **Benchmark your BI Environment for Continuous Improvement**. [S.l.]: Forrester Research, 2018.

FAYYAD, U. M. et al. (Ed.). **Advances in Knowledge Discovery and Data Mining**. Massachusetts: MIT Press, 1996.

GOLFARELLI, M.; RIZZI, S. **Data Warehouse Design**: Modern Principles and Methodologies. New York: McGraw-Hill, 2009.

HAMMER, M.; CHAMPY, J. **Reengenharia**: revolucionando a empresa em função dos clientes, da concorrência e das grandes mudanças da gerência. Tradução de Ivo Korytowski. Rio de Janeiro: Campus, 1995.

HOFFER, J. A.; PRESCOTT, M. B.; MCFADDEN, F. R. **Modern Database Management**. 8. ed. Londres: Pearson, 2007.

HURLEY, R. **Business Intelligence**: the Ultimate Guide to BI, Artificial Intelligence, Machine Learning, Big Data, Cybersecurity, Data Science, and Predictive Analytics. Edição do autor. [S.l.]: [s.n.], 2020.

LEE, J. et al. Industrial Artificial Intelligence for Industry 4.0 – Based Manufacturing Systems. **Manufacturing Letters**, v. 18, p. 20-23, Sept. 2018. Disponível em: <https://www.researchgate.net/publication/327557176_Industrial_Artificial_Intelligence_for_Industry_40-based_Manufacturing_Systems/link/5bbebb3792851c4efd563290/download>. Acesso em: 25 abr. 2021.

LEIBFRIED, K. H. J.; MCNAIR, C. J. **Benchmarking**: uma ferramenta para a melhoria contínua. Tradução de Ivo Koryotovski. Rio de Janeiro: Campus, 1994.

OAKLAND, J. S. **Total Quality Management**: Text with Cases. Burlington: Butterworth-Heinemann, 2013.

PARZINGER, M. J.; FROLICK, M. N. Creating Competitive Advantage Through Data Warehousing. **Information Strategy**, v. 17, n. 4, p. 10-15, July 2001.

PMI – Project Management Institute. **Um guia do conhecimento em gerenciamento de projetos (Guia PMBPK)**. São Paulo: Saraiva, 2012.

PRIMAK, F. V. **Decisões com B.I.** (Business Intelligence). Rio de Janeiro: Ciência Moderna, 2008.

REENGENHARIA: o que é? **Portal Educação**. Disponível em: <https://www.portaleducacao.com.br/conteudo/artigos/cotidiano/reengenharia-o-que-e/45537>. Acesso em: 22 abr. 2021.

SANDRONI, P. **Dicionário de administração e finanças**. 3. ed. São Paulo: Record, 1996.

SCHEIER, R. L. **Futurist Tells it to Prepare for a Wired World**. 17 June 1999. Disponível em: <https://www.itworldcanada.com/article/futurist-tells-it-to-prepare-for-a-wired-world/36087>. Acesso em: 22 abr. 2021.

SHARDA, R.; DELEN, D.; TURBAN, E. **Business intelligence e análise de dados para gestão do negócio**. Tradução de Ronald Saraiva de Menezes. 4. ed. Porto Alegre: Bookman, 2019.

USTUNDAG, A.; CEVIKCAN, E. **Industry 4.0**: Managing the Digital Transformation. Berna: Springer, 2018. (Series in Advanced Manufacturing).

WARNER, J. C. **Benchmarking**. [S.l.]: ReadyToManage, 2012. (Rapid Skill-Builder Series).

ZENONE, L. C. **CRM**: Customer Relationship Management – marketing de relacionamento, fidelização de clientes e pós-venda. São Paulo: Almedina, 2019.

bibliografia comentada

FAWCETT, T.; PROVOST, F. **Data science para negócios**: o que você precisa saber sobre mineração de dados e pensamento analítico de dados. Tradução de Marina Boscato. Rio de Janeiro: Alta Books, 2018.

Esse livro de caráter conceitual apresenta os princípios fundamentais da *data science*, bem como modelos de pensamento analítico necessários para extrair conhecimento útil e valor de negócios dos dados coletados com *business intelligence* (BI). Perpassa, ainda, as áreas de mineração de dados, modelagem de sistema de coleta de dados e modelagem preditiva, discorrendo sobre as etapas após a implementação de BI, seus ajustes finais, sempre com foco lógico e analítico em dados e resultados estudados.

HURLEY, R. **Business Intelligence**: the Ultimate Guide to BI, Artificial Intelligence, Machine Learning, Big Data, Cybersecurity, Data Science, and Predictive Analytics. Edição do autor. [S.l.]: [s.n.], 2020.

Essa obra, cujo foco é a introdução ao BI, discute aspectos e ramificações do *big data* (como inteligência artificial, segurança de dados, *machine learning*, *data science* e análise de dados). Além disso, aborda conceitos de mídia social e *marketing* na internet.

PRIMAK, F. V. **Decisões com B.I.** (Business Intelligence). Rio de Janeiro: Ciência Moderna, 2008.

Com linguagem simples e grande detalhamento, esse material trata dos processos decisórios que utilizam BI, sendo imprescindível para profissionais das áreas de gestão empresarial, responsáveis pela informática e pela administração de informações nas empresas.

SHARDA, R.; DELEN, D.; TURBAN, E. **Business intelligence** e análise de dados para gestão do negócio. Tradução de Ronald Saraiva de Menezes. 4. ed. Porto Alegre: Bookman, 2019.

Essa obra realiza uma análise geral do que é BI, contemplando o início do projeto, a arquitetura de um *warehouse*, as soluções de integração de banco de dados e a análise de dados preditiva. Também comenta diversos casos práticos e de sucesso.

WARNER, J. C. **Benchmarking**. [S.l.]: ReadyToManage, 2012. (Rapid Skill-Builder Series).

Com conteúdos bastante atualizados para quem está atuando em *benchmarking*, o livro explica o que é esse processo e suas etapas de execução, sugerindo como tais as seguintes: medição, *match* (que consiste em achar uma empresa para a comparação do *benchmarking*), criação de um modelo comparativo, gerenciamento e monitoramento.

respostas

Capítulo 1

Questões para revisão

1. d
2. c
3. c

Capítulo 2

Questões para revisão

1. c
2. e
3. d

Capítulo 3

Questões para revisão

1. e
2. c
3. c

Capítulo 4

Questões para revisão

1. e
2. e
3. b

Capítulo 5

Questões para revisão

1. b
2. e
3. c

Capítulo 6

Questões para revisão

1. b
2. d
3. e

sobre os autores

Giselly Santos Mendes é graduada em Tecnologia de Polímeros, com ênfase em gestão de qualidade e administração de empresas, e mestra em Qualidade Ambiental pela Universidade Feevale. Tem experiência nas áreas de garantia da qualidade, auditoria interna, processos industriais, materiais poliméricos, ensaios mecânicos e sistemas de gestão ISO 9001 e ISO 14001. Atua na iniciação científica e no aperfeiçoamento acadêmico, concentrando-se nas temáticas de inovação, gestão do conhecimento organizacional, gestão ambiental, sustentabilidade e inovação ambiental.

Andrew Schaedler é formado em Engenharia Mecânica e pós-graduado em Gerenciamento de Projetos pela Fundação Getulio Vargas (FGV). Tem mais de 9 anos de experiência técnico-profissional nas áreas de engenharia de processos e usinagem de precisão, tendo passado por empresas como a TDK, multinacional japonesa produtora de componentes eletrônicos; e John Deere, multinacional americana produtora de equipamentos agrícolas. Atualmente, é sócio-proprietário de uma metalúrgica especializada em usinagem de precisão, atendendo empresas de grande porte do ramo automotivo.

Os papéis utilizados neste livro, certificados por instituições ambientais competentes, são recicláveis, provenientes de fontes renováveis e, portanto, um meio **respons**ável e natural de informação e conhecimento.

Impressão: Reproset
Junho/2023